UN ENCUENTRO DE LA ARQUITECTURA CON LAS ARTES I

Primera edición 2015

Directorio

Dra. en Arq. María Elena Hernández Álvarez
Directora

Mtra. en Arq. Patricia Barroso Arias
Coordinación de Contenido Editorial
Versión impresa y versión digital en: www.architecthum.edu.mx
Colaboración:
Arq. Milena Quintanilla Carranza

Mtro. en Arq. Federico Martínez Reyes
Coordinación Editorial
Colaboración:
Roberto Israel Peña Guerrero

Mtro. Guillermo Samperio/Rodrigo de Sahagún
Fundación Cultural Samperio, A.C.
Revisión ortotipográfica y de estilo

Ilustración de portada:
Federico Martínez Reyes

Queda prohibida la reproducción total o parcial de esta obra incluido el diseño tipográfico y de portada sea cual fuere el medio, electrónico o mecánico, sin el consentimiento por escrito del editor.

El contenido, la selección del material escrito, su organización y la redacción de los artículos, son responsabilidad absoluta de sus autores, quienes han cedido de manera no exclusiva sus derechos de autor a esta edición.

©ARCHITECTHUM PLUS S.C.
Díaz de León 122-2
Aguascalientes, Aguascalientes
México CP 20000
libros@architecthum.edu.mx

ISBN 978-607-9137-30-4

Presentación

La construcción de la Teoría de la Arquitectura, que es el sustento de todo diseño arquitectónico, implica un complejo proceso reflexivo y crítico mediante el cual se verifica a distancia y en profundidad la enseñanza y la praxis del oficio de ser arquitecto. Si la Arquitectura, es decir, lo habitable, le concierne a todo ser humano, las premisas de ella misma sólo pueden concebirse de manera transdisciplinaria sustentándose en todos los campos del conocimiento porque, además, es a todos ellos a quien va destinado su servicio.

Asimismo, las manifestaciones del humanismo están asociadas a la conciencia social del hombre y a sus circunstancias existenciales en el mundo, de tal suerte que se deben ir generando consideraciones ontológicas y epistémicas en el plano formativo y profesional para el arquitecto. Por ello, asumir una formación humanista desde sus más altos y nobles ideales, constituye una necesidad cada vez más apremiante en el mundo de hoy; y es esto lo que nos transmite una imagen del arquitecto como persona que piensa, que crea y que produce una arquitectura orientada hacia el bien común.

Actualmente, gracias a esfuerzos de profesores e investigadores de nuestro Programa Académico, como la Dra. María Elena Hernández y de su grupo de colaboradores, proyectos editoriales como esta Colección Arquitectura y Humanidades, hacen posible pensar en una Teoría de la Arquitectura impresa con un sello particular en donde el proceso de enseñanza aprendizaje no se concibe ya como un proceso educativo centrado únicamente en la adquisición de conocimientos y habilidades, sino como un compromiso reflexivo y crítico que reclama un cambio de orientación dirigido a la búsqueda de nuevos nexos y relaciones disciplinares, particularmente aquí con las Humanidades.

Así, validando este enfoque transdisciplinar, se escriben y difunden en este proyecto editorial, colección Arquitectura y Humanidades, ideas artísticas, científicas, éticas, filosóficas, poéticas e históricas, que provienen de numerosas visiones del mundo arquitectónico, sustentadas en ideologías, teorías y posturas que están en correspondencia con las exigencias del mundo contemporáneo.

Es esencial que nuestra Facultad de Arquitectura sea parte de las instituciones educativas que contribuyen a la formación de arquitectos conscientes y reflexivos para que esto nos permita, no solamente vivir en el mundo actual, sino además, transformarlo de manera transdisciplinaria para la sustentabilidad y sostenibilidad que el futuro nos demanda.

Así, la Colección Arquitectura y Humanidades nos convoca a la reflexión filosófica que comprende a la arquitectura desde su núcleo, el hombre, y al arquitecto como el profesional dotado de razón, de conocimiento y de capacidad para construir, pensar y diseñar lugares de verdadera calidad habitable.

Sabemos que este proyecto editorial queda establecido para ser puerta abierta permanente a las colaboraciones de quienes consideren el trabajo transdisciplinario como una fuente necesaria para validar, hoy más que nunca, las pautas de diseño de los espacios que los seres humanos habitamos.

Mtro. en Arq. Alejandro Cabeza Pérez
Coordinador del Programa de Maestría y Doctorado en Arquitectura
Facultad de Arquitectura
Universidad Nacional Autónoma de México
Enero de 2015

Prólogo

La *Colección Arquitectura y Humanidades*, tiene el objetivo de fortalecer los lazos entre ambos campos de conocimiento, ya que uno sin el otro no podrían concebirse. Si comprendemos que, tanto la Arquitectura como las Humanidades conciernen a todo ser humano, es por ello que este proyecto centra su propósito en compartir los esfuerzos de muchas personas por enriquecer los encuentros transdisciplinarios que coadyuvan al compromiso con la calidad de las pautas de diseño de los espacios que habitamos los seres humanos.

En este proyecto editorial presentamos numerosos trabajos de exalumnos y profesores del Seminario y Taller de Investigación *Arquitectura y Humanidades* fundado en 1997 en el Programa de Maestría y Doctorado en Arquitectura de la Universidad Nacional Autónoma de México. A partir de ese año, esta *Colección Arquitectura y Humanidades*, tanto en sus versiones digitales como en la impresa, también se ha visto enriquecida de manera significativa con la generosa colaboración de muchos académicos y profesionales de diversas instancias y países.

Los números de este proyecto editorial se presentan organizados en temáticas generales abiertas para multiplicarse secuencialmente. Los artículos en cada número dan a conocer importantes reflexiones teóricas cuyo interés primordial es contribuir a la formación de investigadores y de docentes, así como el promover la generación y divulgación del conocimiento y la cultura arquitectónica y humanística.

Inaugura la lista de autores el Dr. Jesús Aguirre Cárdenas, quien, además de contribuir con un importante ensayo sobre el tema central de esta Colección, ha otorgado en todo momento su apoyo al proyecto académico *Arquitectura y Humanidades*. Expreso aquí mi profunda gratitud y admiración al Dr. Jesús Aguirre Cárdenas por su confianza a esta propuesta académica editorial y, sobre todo, por su inigualable ejemplo humano a seguir; él siempre abriendo caminos.

Por mi conducto, todos los autores que participamos en esta Colección expresamos nuestra gratitud a las autoridades de la Facultad de Arquitectura de la Universidad Nacional Autónoma de México, especialmente a su Director el Arquitecto Marcos Mazari Hiriart, al Maestro en Arquitectura Alejandro Cabeza Pérez, Coordinador del Programa de Maestría y Doctorado en Arquitectura y al Maestro en Arquitectura Salvador Lizárraga, Coordinador editorial de la Facultad de Arquitectura, por el reconocimiento que otorgan a la trayectoria de los autores que participan en esta *Colección Arquitectura y Humanidades*, así como a la calidad de los ensayos que en ella se presentan.

Finalmente, mi especial reconocimiento a la Maestra en Arquitectura Patricia Barroso Arias y al Maestro en Arquitectura Federico Martínez y a sus colaboradores por las incontables horas de entrega, creatividad, compromiso, liderazgo y confianza a este proyecto editorial.

María Elena Hernández Álvarez
México, Distrito Federal, diciembre de 2014

VOLUMEN 9

UN ENCUENTRO DE LA ARQUITECTURA CON LAS ARTES I

5 | **Prólogo**
MARÍA ELENA HERNÁNDEZ ÁLVAREZ

12 | **Introducción**
FEDERICO MARTÍNEZ REYES

14 | **De la arquitectura a la palabra: algunos ejemplos literarios**
IRENE ARTIGAS ALBARELLI

26 | **Tres cuentos**
JOSÉ LUIS CABRERA LELO DE LARREA

34 | **Un organismo Músico-Matemático. Le Couvent de Saint-Marie-de-la-Tourette Eveux-sur-Abresle, 1953-60, Le Corbusier (LC).**
CLAUDIO DANIEL CONENNA

52 | **Cuatro visiones sobre la obra de arte**
ULISES MÁRQUEZ CRUZ

62 | **De tramas y entramados con Velázquez al fondo**
EFI CUBERO

Arquitectura y cine | 68
JORGE GOROSTIZA LÓPEZ

Arquitectura y literatura, encuentros y correspondencias | 80
MARÍA ELENA HERNÁNDEZ ÁLVAREZ

La magia de un Templo urbano:
Biblioteca Pública Virgilio Barco | 90
JORGE ANÍBAL MANRIQUE PRIETO

Mito, arte y arquitectura | 108
FEDERICO MARTÍNEZ REYES

La arquitectura mexicana en las publicaciones del siglo XX | 126
LOUISE NOELLE GRAS GAS

El Dublín del Ulises de James Joyce | 134
LUZ AURORA PIMENTEL ANDUIZA

¿Es la arquitectura un arte? | 150
MILENA QUINTANILLA CARRANZA

Sobre los autores | 158

Introducción

FEDERICO MARTÍNEZ REYES

¿Es la arquitectura arte? El debate es interesante. Negarlo, es negar el concepto de Bella Arte que la arquitectura arrastra, como inseparable ancla, desde mediados del siglo XVIII hasta nuestros días. Afirmarlo, implica desconocer como arquitectura muchas obras construidas. Generalmente, no hay muchos matices al respecto, o se hace arte o no se hace y, en este sentido, se hace arquitectura o no se hace. Pero las interrogantes al respecto son muchas y muy antendibles: ¿cómo distinguir entre lo que es arte y lo que no?, ¿qué de la arquitectura se considera arte, el diseño o el objeto construido?, ¿en qué momento se aplica el calificativo de arte a la arquitectura?, ¿quién lo determina?

El debate, lo recalco, es interesante, porque estas preguntas habría que contestarlas, en primer lugar, desde la teoría del arte y no necesariamente desde la teoría de la arquitectura y, posteriormente, anclar una teoría del arte a las consideraciones teóricas de la arquitectura para someter a ésta a una valoración artística. La tarea es exigente y en este libro se abordan una serie de análisis que nos permiten ahondar en las interrogantes planteadas, que nos permiten comparar otras disciplinas artísticas con la arquitectura, no para intentar responder las preguntas planteadas, si no para alentar la investigación al respecto y mirar desde otras perspectivas la labor de los arquitectos dentro del complejo mundo del arte que se acompaña, nada más, ni nada menos, que de artistas y de obras artísticas.

14

De la arquitectura a la palabra:
algunos ejemplos literarios

IRENE ARTIGAS ALBARELLI

Wendy Steiner comienza su libro "Los colores de la retórica" mencionando que el pensamiento crítico, como el de todas las áreas de interés humano, se ha desarrollado en gran parte gracias al pensamiento en paralelo, y la argumentación crítica ha sido en ese sentido una argumentación por analogías. Para ella, la comparación inter-artística -que es sobre todo una argumentación como la anterior- es importante, ya que permite (re)construir las normas estéticas del periodo en el cual la comparación se hace. La comparación entre las artes permite entonces definir, o por lo menos describir, la estética de un momento específico; las ideas que determinan las disciplinas artísticas o que se forman a partir de ellas; la manera en la cual las diversas áreas se relacionan con lo que ocurre en un momento dado y en cómo determinan a su vez eso que ocurre en ese momento preciso. Resulta entonces que un estudio de las relaciones que se establecen, o se pueden establecer, entre la literatura y la arquitectura puede resultar muy revelador.

Debido a mi formación, me resulta más fácil partir de la literatura y ver las formas en las cuales ésta se ha referido a la arquitectura, cómo ha reflexionado sobre ella al encontrar semejanzas o diferencias entre ambas disciplinas, cómo la ha utilizado para diversos fines y la ha transformado enseñándonos nuevas formas de comprenderla. Pero el camino, como bien saben, podía haber sido otro, incluso el que es exactamente contrario, esto es, ver cómo la arquitectura ha estado influenciada por la poesía, por ejemplo. Pero, como escribí antes, eso no es motivo de este texto.

Voy a comenzar revisando un tipo de obra literaria denominada écfrasis, es decir, una representación verbal de una representación visual. Notemos que la misma definición nos obliga a cuestionar hasta qué punto la literatura y la arquitectura pueden ser representaciones de algo más. La discusión al respecto en literatura ha llenado innumerables y apasionantes hojas. En el caso de la arquitectura conozco un artículo de Alexandrina Buchanan sobre los significados de la arquitectura medieval en donde ella habla de cómo en la Edad Media se escribían tratados de elementos arquitectónicos en donde una iglesia completa se convertía, gracias a las metáforas que por ejemplo representaban a Jesús por medio de una puerta o una piedra angular, en un "sermón hecho de piedra" [1]. Lo que habría que discutir con más detalle es si este modo de metaforizar puede entenderse como una manera de representar, y si es la misma forma de representación que suponemos las palabras pueden hacer.

Veamos un análisis similar de un ejemplo literario que nos permitirá comparar sistemas de pensamiento que tienen nociones distintas de lo que es representar. Se trata del poema de José Emilio Pacheco llamado "Tulúm".

Si este silencio hablara
sus palabras se harían de piedra
Si esta piedra tuviera movimiento
sería mar.
Si estas olas no fueran prisioneras
serían piedras en el observatorio
Serían hojas convertidas en llamas circulares
De algún sol en tinieblas baja la luz
que enciende a este fragmento
de un planeta muerto.
Aquí todo lo vivo es extranjero
y toda reverencia profanación
y sacrilegio todo comentario
Porque el aire es sagrado como la muerte
como el dios
que los muertos veneran en esta ausencia.
Y la hierba se prende y prevalece
sobre la piedra estéril comida por el sol
–centro del tiempo padre de los tiempos
fuego en el que ofrendamos nuestro tiempo
Tulum está de cara al sol.

Es el sol
en otro ordenamiento planetario.
Es núcleo
de otro universo que fundó la piedra.
Y circula su sombra por el mar.
La sombra que va y vuelve
hasta mudarse en piedra. [2]

Recordemos que el sitio maya de Tulum se localiza frente al mar oriental en Quintana Roo. Es la ciudad del amanecer y, como tal, es un lugar de cambio. El sol, kin, nace en el Oriente y viaja atravesando el cielo para descender en el Occidente y continuar su viaje en el mundo inferior. Tulum es el lugar donde la historia que nunca acaba comienza –¿deberíamos decir sigue?–: es un lugar intermedio entre el día y la noche, el cielo y la tierra, el agua y la tierra. Como tal, se representa como un lagarto, un animal que vive tanto en el agua como en la tierra. Para los mayas, kin es el sol, el día (la presencia del sol) y el tiempo; los glifos utilizados para representarlo son el dios anciano con ojo solar, una estilización de la flor de cuatro pétalos, la máscara del jaguar y la cara del mono. Sin embargo, no estamos hablando de entidades abstractas: se trata, como escribe Miguel León-Portilla (1968), "de la realidad sumergida en el mundo de los mitos, de aspectos de la deidad, origen de los ciclos que gobiernan todo" [3].

En uno de los edificios de Tulum, durante el solsticio de invierno, el sol entra a través de una ventana al amanecer e ilumina un área localizada bajo una figura pintada en la pared. El fenómeno sólo puede ser experimentado por unos momentos. Tulum es el lugar donde se puede percibir el sol en una de sus formas: el edificio es una guía a la experiencia, una forma de hacernos ir más allá de nuestra percepción normal [4].

Antes de analizar el poema, recordemos algunos aspectos de la écfrasis. Mitchell ha descrito tres momentos en la forma, en la cual este tipo de textos se enfrentan a su fuente de inspiración visual. Uno, al que llamó indiferencia ecfrástica, se da cuando en el poema se nos presenta la idea de que las palabras nunca podrán representar a las cosas como las representaciones visuales pueden hacerlo. (Las palabras pueden "citar", pero nunca "hacer

Irene Artigas Albarelli

ver" sus objetos). "Words can 'cite', but never 'sight' their objects" [5]. El segundo momento al que se refiere Mitchell es cuando (la imposibilidad de la écfrasis se supera gracias a la imaginación y la metáfora, cuando descubrimos una manera en la cual el lenguaje logra lo que muchos escritores han tratado de hacer con él: hacernos ver) "the impossibility of ekphrasis is overcome in imagination and metaphor, when we discover a 'sense' in which language can do what so many writers wanted it to do: to 'make us see'" [6]. Mitchell llama a esta fase "esperanza ecfrástica". El último momento descrito es el "miedo ecfrástico", (cuando sentimos que la diferencia entre la mediación verbal y la visual se vuelve un imperativo moral y estético en lugar de un hecho natural en el cual podemos basarnos) "we sense that the difference between verbal and visual mediation becomes a moral, aesthetic imperative rather than (...) a natural fact that can be relied on" [7].

Si leemos el poema de Pacheco considerando estas fases, veremos que los subjuntivos utilizados en las primeras líneas lo sitúan entre la indiferencia y la esperanza ecfrásticas: "Si este silencio hablara, sus palabras se harían de piedra"; Tulum está hecho de piedras. La condición establece que el silencio no habla; sin embargo, aunque no sabemos si alguna vez será capaz de hacerlo, la consecuencia de que lo hiciera existe: los edificios de Tulum. Como hemos visto, Tulum es un espacio límite entre la tierra y el mar; es el lugar que puede cambiar y convertirse en el sol, el sol que es un anciano, un mono, un jaguar o una flor. Así que, de alguna manera, las piedras de Tulum se mueven -por lo menos según el pensamiento maya-. La segunda parte del condicional se cumple, a pesar de que la condición es una mera hipótesis. A primera vista las condiciones parecen pertenecer al momento de indiferencia ecfrástica: "todo comentario es sacrilegio" y, por lo tanto, el silencio debe permanecer siendo silencio. Al mismo tiempo, el imaginar que un silencio pudiera hablar, el solamente esbozar esa posibilidad, apunta, se asoma, a la esperanza ecfrástica.

El subjuntivo establece categorías posibles, aunque improbables. Las metamorfosis normales dentro del pensamiento maya son ahora sólo remotas posibilidades. Las piedras, las olas, el silencio de Tulum no se transforman ya tan fácilmente en las "llamas circulares" del sol. Otro sol, el de otro "ordenamiento planetario", el que está en tinieblas y puede convertirse en mono o jaguar, es el que también puede convertirse en Tulum y hacer que las condiciones se vuelvan reales. Sin embargo, no tenemos la capacidad de comprender cómo esto puede ocurrir. No podemos ir más allá de las palabras –ni de lo que éstas señalan–, y estas palabras son sacrilegios en el mundo muerto que "fundó la piedra". Sólo somos capaces de comprender Tulum como una representación del sol, como algo que lo señala y ocupa su lugar cuando está ausente. El poema hace evidente la diferencia entre estos sistemas de pensamiento –uno que piensa que sus signos son la realidad y otro que supone que son representaciones de la misma– diferencia que parece ser la causa de la incongruencia de los subjuntivos en las líneas a las que nos referimos. La comparación implícita en la écfrasis de Pacheco, entre la noción occidental del siglo XX sobre la capacidad de los signos verbales de representar, se opone a la forma maya de comprender sus propias construcciones (Tulum es el sol en otro ordenamiento planetario).

Ahora bien, en la literatura, no todas las menciones a algún edificio suponen necesariamente una comparación entre las formas de significar de ambas disciplinas. Muchas veces, quien escribe, se refiere a alguna obra arquitectónica como el símbolo de algo más y entonces carga a ese algo más, o al mismo edificio, con nuevos significados. Así, por ejemplo, el Coliseo en Daisy Miller de Henry James se vuelve un símbolo de la civilización romana y su corrupción, y se contrasta magistralmente con la inocencia de la protagonista; o la catedral gótica y su aguja en "The Spire" de William Golding se vuelven metáforas del cuerpo del protagonista, que termina por declarar: "Soy un edificio con un inmenso sótano donde viven las ratas" [8]. El ejemplo que quiero ver más detalladamente para ilustrar esta forma de referencia literaria a la arquitectura es la mención de la estación de trenes de Amberes en la novela del alemán W.G. Sebald llamada Austerlitz.

La novela comienza cuando el narrador llega a Amberes por tren y siente una desazón que no puede explicar. Se baja del transporte y se va al zoológico de la ciudad, que está junto a la estación. Al regresar a ella, ve un magnífico edificio inaugurado en 1905 por órdenes del Rey Leopoldo para mostrar al mundo la capacidad monetaria del país derivada de las colonias que habían conquistado en África, se da cuenta de lo maravillosa que es la construcción que obvió al llegar. Influenciado por lo que acaba de ver en la sección de animales nocturnos del zoológico, el llamado Nocturama, el protagonista describe así la estación:

Al entrar a la gran sala, con una cúpula que se eleva sesenta metros, lo primero que pensé, tal vez debido a mi visita al zoológico y la vista del dromedario (que adornaba la parte izquierda de la fachada de la estación y representaba los orígenes del boom económico del país), fue que este magnífico, aunque severamente dilapidado, vestíbulo debería tener jaulas para leones y leopardos en sus nichos de mármol, y acuarios para tiburones, pulpos y cocodrilos, en contraposición a algunos zoológicos, que tenían pequeños trenes en los cuales podías, digamos, viajar a los lugares más remotos de la tierra [9].

Al entrar a la sala de espera, los viajeros sentados ahí le parecen habitantes del Nocturama, especímenes únicos y últimos miembros de alguna raza diminuta desaparecida o expulsada de su tierra de origen. Ahí se sorprende al reconocer a su amigo Austerlitz, con quien comienza a hablar de la historia de los trenes en Bélgica y quien, al ver cómo pasa la mujer que los atiende en el bar de la estación, menciona que es como la diosa del tiempo pasado. Y es que, "En el muro que se encontraba detrás de ella, bajo la melena del león del reino de Bélgica, había un enorme reloj, el elemento que dominaba el bar, con una manecilla que tenía unos seis pies de largo y que viajaba alrededor de la carátula que alguna vez había estado recubierta en oro y que ahora se ennegrecía por el hollín del lugar y el humo del tabaco" [10].

Como en toda gran novela, las páginas iniciales incluyen los temas principales de la misma. Hasta aquí, se han introducido, de manera muy velada, los temas de la memoria, que opera como nichos cerrados en los que ciertos recuerdos permanecen aislados, en la oscuridad; el tema de los sobrevivientes, que más adelante veremos se liga a la exterminación judía durante la Segunda Guerra Mundial, el tema del poder, que es capaz de hacer y deshacer según su voluntad, el tema del tiempo y la (in)capacidad de ligar el pasado con el futuro. Notemos cómo estos elementos se repiten en la descripción que Austerlitz hace de la estación:

"El modelo que Leopoldo había recomendado a sus arquitectos era el de la nueva estación de ferrocarril en Lucerna, en donde se había sentido particularmente impresionado por el concepto de la cúpula, misma que superaba dramáticamente la usual y modesta altura de los edificios del ferrocarril, concepto que Delacenserie utilizó para su diseño basado en el Panteón romano de una manera tan asombrosa que aún hoy, dijo Austerlitz, de manera exacta a lo que el arquitecto quiso lograr, cuando te detienes en el vestíbulo de entrada te sientes embargado por algo que parece estar más allá de lo profano, en una catedral consagrada al comercio y el intercambio internacional. Delacenserie tomó prestados los elementos principales de su estructura monumental de los palacios del Renacimiento italiano, pero también asestó ciertos apuntes bizantinos y moriscos, y, tal vez, cuando llegué, dijo Austerlitz, también noté las redondas torretas de granito blanco y gris, cuyo único propósito era activar asociaciones medievales en las mentes de los viajeros del tren.

Por más cómico que parezca, el eclecticismo de Delacenserie, que une el pasado y el futuro en la Estación Central, con la escalera de mármol del vestíbulo y el techo de acero y vidrio que se extiende sobre las plataformas, era en realidad una aproximación lógica estilística a la nueva época, dijo Austerlitz, y también resultó adecuado, continuó, que en la Estación de Amberes, en el nivel elevado desde el cual los dioses veían a los visitantes al Panteón romano se desplegaran en orden jerárquico, las deidades del siglo XIX (la minería, la industria, el transporte, el comercio y el capital) (...) Y el tiempo, dijo Austerlitz, representado por las manecillas y la carátula del reloj, reina de forma suprema sobre todos estos emblemas. El reloj se sitúa sobre el único elemento barroco de la totalidad de la composición, la escalera cruciforme que conduce desde el vestíbulo hasta las plataformas, justo en donde la imagen del emperador se elevaba en el Panteón en una línea que directamente se prolongaba desde el portal; como gobernador de una nueva omnipotencia, se elevaba sobre el escudo de armas real y el lema Endrocht maakt macht. Los movimientos de todos los viajeros podían observarse desde la posición central ocupada por el reloj en la Estación de Amberes, y, de forma recíproca, todos los viajeros tenían que ver el reloj hacia arriba y estaban obligados a ajustar sus actividades a las demandas de aquél" [11].

En esta larguísima cita podemos ver una descripción de la estación del tren que, vuelta a leer a la luz del resto de la novela, sorprende. El tiempo, metonímicamente apuntado por el reloj, se vuelve soberano absoluto, tirano represor que obliga a quienes dependemos de él a ajustarnos a sus demandas. Ya mencionamos cómo los nichos de la estación se describían como jaulas imaginarias a las que tenemos que relacionar con la forma en la cual la memoria actúa: como compartimentos oscuros, que parecen vacíos y en los cuales, si nos acercamos, si sabemos abrirlos, encontraremos recuerdos, animales en extinción, sobrevivientes de otros tiempos y otros espacios. Por eso, Sebald apunta al eclecticismo del edificio y a la manera en la cual une el pasado con el futuro. Pero, además la referencia al tiempo también se vuelve una reflexión sobre el poder del mismo y sobre el poder en general. No es casualidad que en la estación presidida por este reloj, encontremos, nosotros y el narrador, a Austerlitz, el hombre que en el futuro buscará sus recuerdos, intentará abrir sus jaulas y encontrará, casi por casualidad, al niño enviado a Gales sólo para salvarlo del exterminio judío en su ciudad de origen.

No es casualidad que la descripción de la estación incluya un reloj manchado de hollín y humo de tabaco, ni que se nos recuerde el esfuerzo que representó el hecho de que todos los relojes de todas las estaciones del país marcaran la misma hora, no es casualidad porque la línea narrativa se establecerá como un ataque contra el tiempo y su capacidad de borrar los hechos y hacernos olvidar. La novela de Sebald, como la estación y su eclecticismo, une el pasado y el futuro al suponerse como una forma de memoria de lo ocurrido en Europa casi a mediados del siglo XX. Lo cual no resulta poco si consideramos el debate sobre la imposibilidad de escribir sobre ciertos temas y después de ciertos acontecimientos.

Como verán, podría seguir hablando sobre Austerlitz muchas cosas más, pero mejor lean el libro. Se sorprenderán. Lo importante para la discusión de hoy es considerar la manera en la cual en esta novela aparece la estación de trenes de Amberes para introducir los temas que se desarrollarán después. Los elementos del edificio, muchos de los cuales eran ya símbolos en su diseño, se llenaron de nuevos significados. Ahora puedo perfectamente imaginarme a cualquiera de nosotros, después de leer Austerlitz, buscando (y encontrando) jaulas y acuarios en sus nichos.

Notas
1. Buchanan, Alexandrina; "The power and the glory: the meanings of medieval architecture" en Architecture and the Sites of History, Nueva York: Borden and Dunster eds., Whitney Library of Design, 1995, p.79.
2. Pacheco, José Emilio, "Tulum", en Islas a la Deriva, México: Ediciones Era, 1976, 1-103 pp.
3. León-Portilla, Miguel, "Tiempo y realidad en el pensamiento maya", México: UNAM, Instituto de Investigaciones Históricas, 1968, p.45.
4. Davidoff, Alberto, "Del otro lado del mar" en México: Sacbé, Volumen 2, Número 1, 1994, pp. 7-16.
5. Mitchell, W.J.T., "Picture Theory. Essays" on Verbal and Visual Representation. Chicago and London: The University of Chicago Press, 1994ª, p.152.
6. Ídem.
7. Mitchell, op. cit., p.154.
8. Golding, William, "The Spire", en Luz Aurora Pimentel; El espacio en la ficción. México, UNAM/siglo veintiuno editores, 2001, p. 228.
9. Sebald, W.G., "Austerlitz", traducción de Anthea Bell, New York: The Modern Library, 2001, p.6.
10. Sebald, op. cit., p.8.
11. Sebald, op. cit., pp.11-12.

Bibliografía

Border, Iain & David Dunster (editores),"Architecture and the Sites of History", Nueva York: Borden and Dunster, Whitney Library of Design, 1995.

Davidoff, Alberto, 1994; "Del otro lado del mar" en Sacbé, volúmen 2, Número 1.

Mitchell, W.J.T., "Picture Theory". Essays on Verbal and Visual Representation. Chicago and London: The University of Chicago Press, 1994a.

Pacheco, José Emilio, "Islas a la Deriva", México: Ediciones Era, 1976.

Pimentel, Luz Aurora, "El espacio en la ficción", México: UNAM/ siglo veintiuno editores, 2001.

Sebald, W.G., "Austerlitz", Traducción de Anthea Bell, New York: The Modern Library, 2001.

Steiner, Wendy, "The Colors of Rhetoric: Problems in the Relation between Modern Literature and Painting", Chicago and London: The University of Chicago Press, 1982.

Tres Cuentos

JOSÉ LUIS CABRERA LELO DE LARREA

I La treta tridimensional
Isaac Asimov, dentro de uno de sus cuentos plantea el frecuente descuido que se comete al definir un objeto cualquiera ignorando características propias que pueden sólo ser manifestadas dentro de una dimensión específica.

En *Treta tridimensional* [1], la historia se desarrolla a partir de que un individuo determinado decide vender su alma al diablo a cambio de una serie de favores, al ver realizados sus deseos, el diablo aparece para reclamar su parte del trato ofreciéndole al individuo una posibilidad de futuro diferente en función de su habilidad para participar en un juego, donde el sujeto es encerrado en un cubo de bronce. Cuatro paredes, un piso y un techo en placa de bronce de medio metro de espesor, sin puertas, sin ventanas ni rejillas, totalmente sellado, sin posibilidad de una aparente salida.

Sin embargo, el diablo le concede ciertas posibilidades de salvación. El diablo le notifica que tendrá el poder de desplazarse tan libremente como lo desee: –Puedes moverte hacia arriba, hacia abajo, hacia la izquierda, hacia la derecha, oblicuamente y demás.

Mientras ambos discutían, el individuo de repente desaparece y el diablo enfurecido va a buscarlo. Al encontrarlo le exige una explicación. El individuo le dice: –Pues bien, yo estaba en aquel cuarto cerrado de bronce y recordaba que tu insistías en que las cuatro paredes, el suelo y el techo no tenían ninguna rendija. Me pregunté por qué lo especificabas con tanta insistencia, ¿qué más había además de paredes, suelo y techo? Habías definido un espacio tridimensional totalmente cerrado. ¡Y eso era, tridimensional! El cuarto no estaba cerrado en la cuarta dimensión, no existía indefinidamente en el pasado. Así que si viajaba hacia el pasado, eventualmente hallaría un punto en el tiempo donde el cuarto no existiría y entonces habría escapado. Más aún, dijiste que yo podía desplazarme en cualquier dirección (dimensión), y ciertamente el tiempo puede considerarse una de éstas. En todo caso, en cuanto decidí desplazarme hacia el pasado, me hallé retrocediendo en el tiempo a gran velocidad y, de pronto, ¡ya no había bronce alrededor!

Comentarios respecto al cuento:
El espacio es omnipresente, eterno, infinito. Toda construcción que realicemos es por definición finita, tanto en sus dimensiones normales (ancho, largo y alto) como en el tiempo.

Si bien dentro de la eternidad del espacio, en un plazo de tiempo determinado por la realización de una construcción hasta su desaparición, existe una interacción dada entre la construcción misma y el espacio. A lo largo de esta interacción, suelen manifestarse los puntos de conexión o en común que tienen las características de ambos.

El espacio funciona como un fluido al adoptar ciertos aspectos de la materia con que directamente se relaciona. Si el espacio tenía ciertas características antes de la aparición de la construcción y durante el tiempo de vigencia de este último, las características del espacio son otras, no significa que dichas características espaciales hayan sido alteradas. Siguen siendo las mismas. Y tan es así, que en primera instancia, funcionan tal como deberían de funcionar las particularidades que caracterizan a un fluido. Ya que antes de interactuar con la construcción, lo hacia con el medio que existía y tomaba aspectos de éste, al cual se adaptaba. Cuando existió en la construcción, el personaje se adaptó a las nuevas condiciones y al desaparecer ésta, vuelve a adaptarse a las condiciones últimas.

El espacio como fluido que es, está en constante proceso de adaptación, con la misma frecuencia con la que se presenten condiciones nuevas en el medio. A partir de esto, una construcción cualquiera podría definirse como el establecimiento de una condición nueva por parte del medio. Y el espacio interior como una mera temporalidad del espacio exterior.

II Flatland

En 1884, Edwin Abbott, escribió la novela Flatland, pionera de la fantasía geométrica, donde se establece como posibilidad, la existencia de un mundo más amplio al que conocemos, o más bien al que en la novela se conoce.

La historia comienza justamente en Flatland. Un mundo perfectamente establecido, con individuos que ahí habitan e interactúan tanto con su mundo como con ellos mismos a lo largo del desarrollo normal de sus vidas.

Mr. A Square es un habitante más de este particular lugar, el cual se caracteriza por alojar a seres bidimensionales, que tienen un sistema cognoscitivo bidimensional. En una ocasión en particular, después de cenar, Mr. Square tiene una visita inesperada. Un ser tridimensional se le aparece y trata de explicarle cómo es en realidad un mundo donde se percibe tridimensionalmente las cosas. A falta de capacidad de comprensión por parte de Mr. Square, el visitante ofrece darle una prueba, elevándose a escasos diez centímetros del suelo o mejor dicho del plano donde Mr. Square vive pegado, desapareciendo por tanto del mundo bidimensional de éste.

Su presencia física ha desaparecido. Sin embargo, su voz continua escuchándose. Al reaparecer en dicho plano. Mr. Square le argumenta que lo único que ha hecho es un truco, una especie de escapismo, y que eso no demuestra absolutamente nada en la existencia de una tercera dimensión. Por lo que el visitante decide recurrir a medios más radicales, lo toma y literalmente lo despega del plano donde hasta ahora se encontraba.

Al verse elevado sobre el plano donde prácticamente había trascurrido toda su vida, se sorprende porque en efecto, ¡percibe las cosas tridimensionalmente!, ve a sus vecinos desde arriba, así como su casa y todo el barrio donde vive. No queda duda, ¡en realidad existe una tercera dimensión!

Nuevamente, el visitante regresa a casa de Mr. Square para reincorporarlo a su mundo bidimensional, acto seguido desaparece para siempre. El resto de la vida de Mr. Square transcurre en tratar de explicar a los demás individuos, bidimensionales como él, cómo es un mundo tridimensional. Despertando el consecuente escepticismo de éstos, hasta catalogarlo como desquiciado.

José Luis Cabrera Lelo de Larrea

Comentarios respecto al cuento
La restringida percepción por parte de los habitantes de Flatland, es resultado del sistema cognoscitivo con que cuentan. Y ciertamente en la novela no se aclara la evidente alteración cognoscitiva que sufre Mr. Square, que le permite ver tridimensionalmente las cosas. Pues en un sentido estricto, éste no debería de haber podido percibir esa tercera dimensión, más bien debería ver una bi-dimensión en un plano superior al que se encontraba, tal como lo muestra el visitante al elevarse los diez centímetros sobre el plano origen. "Es nuestra cognición, que es en esencia nuestro sistema de interpretación, la que restringe nuestros recursos. Nuestro sistema de interpretación es el que nos dice cuáles son los parámetros de nuestras posibilidades, y cómo hemos estado utilizando dicho sistema de interpretación toda la vida, no nos atrevemos a ir contra sus dictámenes" [2].

III Encuentro Nocturno
Ray Bradbury en su libro *Crónicas marcianas*, escribió un cuento que particularmente resulta interesante de conocer. "Encuentro Nocturno" [3] relata una extraña coincidencia entre dos desconocidos en un lugar especial, donde existen condiciones irrepetibles, que hacen de la historia un elemento de reflexión sobre un probable punto de intersección, donde se conjuntan diversos tipos de "espacios" que en rigor resultan difíciles de hacer coincidir.

En una noche particularmente fría, a lo largo de una carretera por completo desolada que atraviesa las accidentadas colinas azules de Marte, justo antes de llegar al próximo pueblo donde los colonizadores recién llegados se encuentran, un largo trayecto que empezó en otro pueblo con un poco más de tiempo establecido, y una carretera ancestral que les separa, en el punto justo donde se puede experimentar la extraña sensación de completa soledad en el mundo.

El ambiente tiene un olor añejo, a tiempos pasados, y es que el camino que se recorre es tan viejo ahora, como en los tiempos donde la raza marciana, totalmente extinta, circulaba.

Tomás Gómez, a bordo de su camioneta, recorre esta distancia, este camino y esta noche, perdido en sus pensamientos (espacio interior único donde sólo él tiene acceso), observa esta escena, tal pareciera que el tiempo se puede tocar, se respira y lo envuelve. Orillado por este sentimiento, aunado a la cercanía desde aquél punto a las últimas ruinas en pie de aquella civilización, decide desviarse del camino, detener la camioneta y descender.

Permanece sentado sobre una roca, contempla pensativamente su entorno. Donde sólo reinaba el silencio, cierto ruido llamó su atención, alcanzó a ver una luz, tal vez sería un vehículo que al igual que él, decidió acercarse.

Pudo ver como descendía alguien a quien intuitivamente saludó. La figura, aunque lejana pareció responder el saludo. Tomás, en acto reflejo, se levantó y se encaminó hacía ella. Conforme se acercaba empezó a notar algo extraño en aquella silueta, en realidad no era un ser humano, ciertamente a distancia lo parecía pero definitivamente no lo era. Quizás la extraña criatura sería un marciano, pero ¿acaso, no se había ya extinguido la raza marciana?

A lo mejor era un sobreviviente, después de todo la colonia no llevaba demasiado tiempo como para haber recorrido el planeta, posiblemente no se habían extinguido del todo, Sí, probablemente algunos habrían encontrado la manera de asegurar su supervivencia, pero ¿dónde? Si en los precisos y extensos análisis hechos al planeta no se había detectado señal alguna de vida, resultaba demasiado confusa la situación.

En verdad era un marciano, quien tan sorprendido se mostraba éste como asombrado el otro. Tomás repitió el saludo y el marciano contestó, pero en un idioma distinto. Sin embargo, el marciano, percatado del hecho pareció hacer un ajuste en su cabeza al tocarla ligeramente y de repente se encontraban hablando el mismo idioma.

Tomás que llevaba en la mano un termo con café aún caliente y dos tazas ofreció una, buscando así romper una situación por demás desconcertante, pero al tratar de tomarla el marciano, la taza pareció atravesarle las manos y caer al suelo, definitivamente no había sido producto de un descuido, pues al inclinarse el marciano a levantarla, se dio cuenta que no podía tocarla, sus manos la traspasaban como si fuera un fantasma. Todavía más desconcertado pretendió tocar a Tomás para darse cuenta que también este quedaba fuera de su alcance.

José Luis Cabrera Lelo de Larrea

El marciano sacó algo que traía consigo y lo ofreció a Tomás para comprobar que la situación anterior se repetía en sentido inverso, sucedió lo mismo. Tal pareciera que no compartían una presencia totalmente física en aquel lugar, Así que lo único que en apariencia quedaba, era tan sólo platicar.

Empezando por preguntar hacia dónde se dirigían, se dieron cuenta que hablaban de lugares totalmente diferentes ubicados en el mismo espacio. Donde uno veía tan sólo ruinas el otro veía una ciudad floreciente, repleta de habitantes, uno veía un paisaje totalmente solitario, desértico, mientras el otro veía atiborrado de cosas y seres. Por más que uno se esforzaba en describir el medio, el otro corroboraba un panorama totalmente distinto.

¿Qué explicación podía darse al conjunto de hechos apenas descritos? La única plausible, era que en donde ambos coincidieron fue, una posible grieta en el tiempo, un especie de "portal", un lugar neutro generado en la intersección de dos épocas distintas sobre un mismo espacio, por eso podían verse dos entornos distintos en un mismo emplazamiento, dos seres, que si bien podían verse y escucharse, no podían tocarse, ni entre ellos ni a los objetos que se encuentran vigentes en sus respectivos mundos.

Después de charlar sobre visiones que, por un lado, no tenían nada en común, pero que relataban un mismo sitio, cada uno se despidió como se despiden dos desconocidos que comparten un secreto.

Comentarios respecto al cuento:
La justificación existente para las particulares condiciones en que los individuos mencionados en el cuento previamente relatado se encuentran, no es dado por el acto de pensar en un portal o grieta en el tiempo sobre un mismo espacio. Más bien, es el hecho de considerar que el tiempo es el mismo, un continuo que, como interioridad que es, se desarrolla en paralelo al espacio. Que el espacio, también como continuo, presenta un pliegue, el cual, topológicamente hablando no tiene repercusión alguna sobre el flujo del espacio porque topológicamente no está siendo afectado.

Sin embargo, podría considerarse, en función del fenómeno presentado; como un tipo de espacio diferente que construye a partir de sí otros espacios paralelos al tiempo mismo. Es decir; el tiempo sigue su línea, el espacio, como exterioridad que es, dentro de su desarrollo sufre un pliegue. Y a la vez, las diversas caras o planos de tal pliegue se corresponden paralelos al continuo del tiempo.

A partir de lo anterior, en la consideración de distintos espacios y a manera de ejemplificación, podemos entender, que si bien, en un libro cualquiera existe un espacio literario donde justamente se establece la concepción y desarrollo de una idea, la cual es plasmada, en primera instancia, en un espacio físico como son las hojas de un libro, puede además relatar las condiciones de otro espacio físico, es decir, la existencia de un espacio físico, dentro de un espacio literario, donde existen elementos apegados a toda ley de tipo física de fácil experimentación por un individuo cualquiera. Y por último, la experimentación real de un espacio cuyo entorno lógico matemático resulta claro y de manera por demás simplista, todo esto ubicado en un mismo tiempo.

Notas
1. Asimov, Isaac. "La treta tridimensional" en Cuentos completos Vol.1, España: Ediciones B, España, 1992, p.73. "Donde el medio funciona genéricamente como el conjunto de elementos que interactúan en el espacio".
2. Castaneda, Carlos," El lado activo del infinito", España: Ediciones B, 1999, p.47.
3. Bradbury, Ray, "Encuentro nocturno" en Crónicas marcianas, México: Edit. Minotauro (13ª edición),1994, pp. 82-92. (En un posible acto de irreverencia, más que referenciar la historia, me he permitido para fines prácticos, reinterpretarla en un sentido menos lato, pretendiendo dejar de manera incólume la esencia misma del cuento).

Bibliografía
Asimov, Isaac, "Cuentos completos", Vol. I, España: Ediciones B, 1992.
Bradbury, Ray, "Crónicas marcianas", México: Minotauro México (13ª edición) 1994.
Castaneda, Carlos, "El lado activo del infinito", España: Ediciones B, 1999.

34

Un organismo Músico-Matemático
Le Couvent de Saint-Marie-de-la-Tourette Eveux-sur-Abresle, 1953-60, Le Corbusier

CLAUDIO DANIEL CONENNA

"...Arquitectura y música son las manifestaciones de la dignidad humana. De ahí que el hombre afirma: "Existo; soy un matemático, un geómetra, y soy religioso. Es decir que creo en un ideal gigantesco que me domina y que podría alcanzar". Arquitectura y música son unas hermanas muy íntimas: materia y espiritualidad, la arquitectura está en la música y la música está en la arquitectura. Y en ambas, un corazón que tiende a enaltecerse..." [1]

1.- Arquitectura y tradición

Sin tener alguna tendencia exclusiva hacia la devoción cristiana, Le Corbusier manifiesta en sus propuestas arquitectónicas una particular sensibilidad en el diseño de los espacios para el culto cristiano. En ellas se vislumbra una singular connotación de espiritualidad que se entiende como la sed profunda del hombre en su encuentro con Dios.

En Ronchamp crea un "espacio inefable" y un "evento plástico". Pero en el monasterio dominicano de La Tourette además de ello, entra en un engranaje evolutivo. Es por excelencia su arquitectura religiosa, en la cual plasma un elaborado conocimiento de la historia arquitectónica conventual. En ella logra concatenar tanto la esencia de la tradición monacal, como la histórica de la tipología monasterial y la escala humana con el pensamiento moderno en toda su extensión, desde lo tecnológico y formal, hasta lo científico y funcional.

Las visitas de Le Corbusier a instituciones monásticas cristianas fueron un fundamento sólido a la hora de proyectar un monasterio cristiano moderno. En 1907, visitó la Cartuja d' Ema, al sudoeste de Florencia, lo que le sirvió de base científica para realizar muchos de sus proyectos [2] antes de construir La Tourette. En 1911, visitó durante algunas semanas el Monte Athos en Grecia, donde obtuvo una visión diferente de la arquitectura monástica cristiana (la Ortodoxa).

Más tarde, en la década de los cincuentas, por sugerencia de los frailes dominicanos, quienes le encargaron la construcción del monasterio La Tourette, el arquitecto de origen francés, estudió la abadía Cisterciense de *Le Thoronet* que se encuentra al sur de Francia. Para dichos frailes representaba un ideal, pues realzaba el viejo esquema del monasterio benedictino, aunque como es sabido, filosóficamente la orden de los frailes dominicos se basa en una regla aún más antigua, la agustiniana.

En la resolución de La Tourette podemos observar que la austeridad, lo racional y lo rigurosamente intelectual de la orden dominica, aparecen manifiestos con clara lucidez arquitectónica de logicidad francesa. Le Corbusier, responde en primer lugar, con estricto rigor funcional, tal como un monasterio benedictino, ubicando en el nivel inferior los elementos programáticos, más "públicos", tales como, el templo al norte; y los corredores, el refectorio y la sala capitular, al sur.

En La Tourette advertimos la presencia de celdas individuales para los monjes, las cuales en la arquitectura monástica occidental no son frecuentes hasta fines del siglo XIV. La individualidad, intimidad y privacidad del monje en su celda, es tema fundamental desde el inicio del monasticismo y cristianismo en oriente. Los monasterios griegos bizantinos, entre los cuales, incluimos los del Monte Athos, presentan esta característica. Las celdas en estos complejos monasteriales, se organizan linealmente, por medio de una galería de circulación, alrededor del espacio central abierto o claustro, donde se encuentra el templo del monasterio, llamado *katholikó*.

Sin embargo, los cartujos fueron los primeros en sintetizar el modo anacorético del cristianismo oriental con el cenobítico occidental al crear espacios individuales para el monje. Pero esos espacios eran pequeñas viviendas con un jardín para cada una de ellas, a modo de células repetitivas, y no pequeñas celdas como aparecen en los cenobios cristianos paleocristianos y bizantinos de oriente y como propone Le Corbusier en La Tourette.

A partir de esta deducción, podríamos preguntarnos si la experiencia de Le Corbusier en los monasterios del Monte Athos habría influido en el diseño de La Tourette o si la resolución proviene de los monasterios de la misma orden, es decir, los que ya venían utilizando el modo de celda individual para cada monje. Sabemos bien que, Le Corbusier, reelaboraba creativamente los bocetos y experiencias de sus viajes para traducirlos en proyectos de arquitectura. Otro tema en el diseño de La Tourette que podría tener influencia a causa de sus visitas a los complejos monásticos

Un organismo Músico-Matemático | Le Couvent de Saint-Marie-de-la-Tourette Eveux-sur-Abresle, 1953-60, Le Corbusier

del Monte Athos, sería el modo de organización del claustro. Estos espacios de los monasterios cristianos de occidente, se caracterizan por ser geométricamente claros y carentes de edificación alguna.

En La Tourette, la primera consigna se lleva a cabo; pero, la segunda, tiene una resolución que se acerca más a los monasterios cristianos orientales. Cuando las dimensiones del espacio central abierto lo permitían, además del *katholikó*, se construían otras edificaciones como el refectorio o alguna capilla. Esta idea es verificable especialmente en los complejos monasteriales *athonitas* de escala relativamente grande, como por ejemplo, el monasterio de Iviron que Le Corbusier visitó en 1911. La volumetría del templo en La Tourette, como en los monasterios *athonitas*, y en general, en la mayoría de los ortodoxos, adquiere la misma escala que el resto del conjunto; tema que en la arquitectura monástica occidental es extraño encontrar, ya que la iglesia por pequeña que fuese y adquiriese escala humana, raramente quedaba integrada de forma volumétrica al complejo monasterial. Normalmente, debido a su tamaño, era el elemento significativo y jerárquicamente diferente, pues a él, se le incorporaba el resto del complejo conventual con su claustro, y culminaba cerrándose por la iglesia en el ala norte.

Le Corbusier, siguiendo la misma ley de ubicación, la jerarquiza con un gesto de diseño al que podríamos denominar de separación tensionada. Vale decir, que el templo queda despegado del complejo, aunque virtualmente integrado al conjunto. La Tourette, posee cierta compacidad y escala volumétrica muy similar a la mayoría de los monasterios *athonitas*.

Si bien, morfológica y materialmente es completamente distinta, no podemos negar la similitud con monasterios como Karakállou, Philothéou o Xiropotámou, los que el arquitecto moderno también visitó. Estos complejos, tal como *La Tourette* ocupan superficies de suelo que van desde los tres mil metros cuadrados a los cinco mil, incluyendo el espacio central abierto. Estas extensiones son comunes en los monasterios cristianos de Oriente, mientras que en Occidente, suelen ser de organizaciones monasteriales pequeñas.

Finalmente, otra diferencia entre La Tourette como monasterio dominicano y los complejos monásticos de la misma orden, pero de épocas anteriores, es que no admite el criterio de expansión centrífugo y por agregación que se ensayaba no pocas veces

Claudio Daniel Conenna

de acuerdo a las nuevas necesidades del edificio. Dos ejemplos claros que describen esta idea son los monasterios de Santa Maria Novella en Florencia y Santa Maria della Grazia en Milán.

2.- La "cisterciensicidad" de La Tourette

Los conventos cistercienses, se caracterizan por poseer un elaborado tipo monasterial racional y geométricamente articulado con un fino trabajo del detalle arquitectónico en piedra, y un sello especial de estandarización por el que se busca la perfección. El espíritu de lógica y simplicidad cisterciense aparece como la materialización de su filosofía monástica, y revolucionaria de la época, incorporando con su arte una indudable atmósfera espiritual. Aún tratándose de una arquitectura netamente utilitaria que se aleja de todo lo decorativo y superfluo expresa una belleza esencialista, regulada y disciplinada como la vida de sus monjes, desde la idea rectora hasta el perfeccionismo formal y constructivo.

El espíritu de estandarizar lo elaborado experimentalmente con una máxima economía de recursos, lo encontraremos más tarde, en la filosofía *corbusierana* como se encuentra manifiesta desde muy temprano en *Vers une architecture*. Allí, el autor explica el valor de la estandarización, definiendo al Partenón como producto de selección aplicado a la estandarización, y señalando que los estándares son el resultado del análisis, la lógica y un minucioso estudio [3].

La claridad matemática en la síntesis compositiva y la desnudez material de los monasterios de la orden cisterciense parecen actualizarse en La Tourette. Ello lo confirma la rigurosidad en la resolución geométrica y la materialidad descarnada que manifiesta el *betón brut*. No debemos olvidar que la orden de los dominicos, al construir sus propias organizaciones, fue sucesora –durante la segunda mitad del siglo XIII y la primera mitad del XIV- de la orden cisterciense. Tampoco debemos olvidar, que el concepto de minimalismo gótico se ha utilizado para describir la obra de las órdenes mendicantes –franciscanos y dominicos–, debido a que ellos condenaban cualquier tipo de extravagancia, tanto en la escala de sus construcciones monasteriales y de iglesias, como para la materialización de esculturas y pinturas.

El consecuente moderno en la evolución y continuidad racional-minimalista de la arquitectura románica y gótica de las instituciones monásticas cistercienses y dominicas viene a ser la reinterpretación de Le Corbusier, quien, de acuerdo con un espíritu compositivo nuevo y la tecnología de su época, propone un monasterio contemporáneo, con un programa un tanto más diverso que el de los medievales, sin perder de vista la esencia del monasticismo cenobial cristiano, ni el *genius loci* [4] que debe ofrecer un lugar para el ejercicio de la espiritualidad en una comunidad como es el monasterio.

Como todo convento cisterciense, La Tourette, está construida lejos de las interrelaciones humanas. En ambos casos, no existen torres, nada es ostentoso, la rigidez del ángulo recto predomina, la articulación volumétrica del edificio es firme y clara. Siguiendo la costumbre benedictina, la iglesia se encuentra al norte orientando el altar al oriente. La estética brutalista que desarrollara Le Corbusier con el *betón armé*, coincide en esencia con la desplegada por los cistercienses en piedra. Este lenguaje expresivo de fuerte textura rústica y apariencia humilde, creemos que apunta a un ideal superior de monumentalidad que define simbólicamente, en términos materiales, el fundamento de su contenido espiritual. De ahí que es posible descubrir como de la humildad se produce riqueza y desde el profundo deseo de orden, arte. Del mismo modo que Dios elige a los más humildes para manifestar su sabiduría divina, los monjes dominicanos de La Tourette y el arquitecto en estudio, concuerdan en la elección del *betón armé brut* [5] para expresar arquitectónicamente sus filosofías y sus credos.

Tal pensamiento nos conduce a sostener como verdadero que, aquello en apariencia despreciable a los ojos del profano, es útil a los del sabio, y que lo fenoménicamente rico y bello al modo de ver del mundo no es siempre esencial al del sensato. La simplicidad y el rigor geométrico en la arquitectura cisterciense, fueron elevados al valor de ideal; lo cual no está lejos de lo que en nuestros tiempos afirmara Le Corbusier cuando sostiene que:

> "...Todo es geométrico para la vista (la biología no está más que en la organización, y es una cosa que el espíritu aprecia únicamente después del examen). La composición arquitectural es geométrica, hecho de orden visual, a primera vista; hecho que ocasiona unos juicios de cantidades y de

Claudio Daniel Conenna

relaciones; apreciación de proporciones. Las proporciones provocan unas sensaciones; la serie de sensaciones es como la melodía en la música. Eric Satie decía: la melodía es la idea; la armonización (en música), es el medio, la herramienta, la presentación de la idea..." [6].

Sintetizando, podemos decir que, las características compositivas más evidentes que hacen de La Tourette muy cercana a la arquitectura de la orden cisterciense son, su simplicidad, claridad y precisión. Apariencia de castidad y perdurabilidad en el tratamiento material, así como también, solidez volumétrica exterior y proporcionalidad de los espacios habitables. La agudeza teológica, el extremo ascetismo y la ilimitada energía son algunos de los aspectos filosófico-teológicos que se traducen en esta arquitectura con el mismo lirismo profundo y serenidad que un canto gregoriano.

3.- La fuerza del equilibrio

Las composiciones monasteriales de Occidente, se caracterizan por ser centrífugas. Es decir, a partir del claustro, el centro geométricamente puro, se integran a él, el resto de los componentes programáticos, y desde allí, se abren de distintas maneras. En los monasterios de Oriente, las organizaciones son centrípetas, ya que, toda la composición busca el centro morfológicamente claro del *katholikó*. En La Tourette, no advertimos ni una tendencia ni la otra, ello demuestra un cierto equilibrio compositivo entre el diseño total y las partes, y de las partes con el todo. Más detalladamente podemos decir, que el equilibrio se verifica entre:

1.- La sencillez formal exterior y la variedad en el diseño interior del claustro.

2.- La respuesta tipológica –a claustro geométricamente definido–, y la volumetría de las partes que forman el espacio construido, unificada con la misma claridad formal del claustro.

3.- La ubicación de los elementos programáticos, especialmente el templo, y la integración del conjunto en forma de **U** a él, tanto en lo funcional, como en lo formal.

4.- Lo riguroso del esquema general y la plasticidad de algunos elementos programáticos: recepción, sacristía, oratorio, cripta, escalera de acceso al atrio, corredores centrales del claustro y campanario.

5.- La relación espacio construido y espacio abierto.
6.- Lo opaco y lo transparente.
7.- Lo construido y el paisaje.

Un detalle interesante de observar en el diseño del claustro de La Tourette, es el tratamiento que se da al espacio central, virtual y fenoménico, pues no responde al uso para el cual fuera planteado en el medioevo. El espacio abierto central de la obra, es un lugar dinámico accidental más que estático de meditación como propicia su forma en planta y su volumen virtual -de vacío-. Más que un lugar de recogimiento o congregación, es un lugar de apertura y dispersión.

Aquí, descubrimos una diferencia entre el mundo monasterial actual y el medieval. El monasterio del medievo mostraba exteriormente una variada plasticidad formal, mientras que en su interior todo se presenta sereno en su claustro central plano. En La Tourette, sucede lo contrario, una tranquilidad formal exterior nos conduce a un movimiento inquietante en el movido corte de su interior abierto. En este punto podemos ver materializado un concepto que en otro contexto utilizara Le Corbusier: "…La lucha se produce dentro aunque no se advierta en la superficie…" [7].

El tema del corte es de singular importancia en este proyecto, en él se manifiesta expresivamente la propuesta espacial y de implantación y desde él, se evoluciona la idea rectora, la cual, respetando la base tipológica a claustro, intenta dignificar el paisaje circundante incorporándolo como parte del conjunto. Así, se crea un volumen platónico, horadado en parte, de manera que integra el entorno al propio edificio, al tiempo que genera permeabilidad y fluidez espacial, al mismo tiempo que múltiples estímulos visuales.

El aspecto morfológico total del monasterio es, en su exterior, volumétricamente definido, característico en el pensamiento corbusierano el que a su vez, se puede asociar con los templos de la Acrópolis de Atenas. La comparación es válida, pues cuestiona cómo una pureza geométrica propone un diálogo por contraste entre el espacio construido por el hombre y el paisaje natural. Sin embargo, en la relación forma-contexto de La Tourette, podemos definir dos tendencias. Por un lado, la implacable presencia formal de un volumen virtualmente puro en un contexto agreste, como un templo griego, el Partenón, por ejemplo, al que Le Corbusier dedicara un exhaustivo análisis desde su implantación hasta la fineza de sus detalles; por otra parte, la adaptación plástica del edificio al terreno, la que sin llegar a ser orgánica-natural, sino más bien, orgánica-racional, nos recuerdan las construcciones monasteriales *athónitas* como el monasterio Simonópetra que Le Corbusier bocetara.

Ambas ideas, sintetizan de alguna manera la libertad del espíritu griego (helénico y bizantino), en donde se concreta la armonía de un pensamiento libre, sin fantasmas, claro como la luz del mediterráneo y presente en el mundo con un sello propio de unidad plástica. La pureza y virilidad dórica del Partenón en mármol, nos proporciona completa sensación de armonía similar a la que en hormigón armado nos manifiesta el monasterio La Tourette; el cual, sin llegar al máximo grado de fineza y delicadeza del magno templo griego, se acerca a la fuerza expresiva y rusticidad brutal de la muralla que encierra un monasterio bizantino.

Esta reflexión nos lleva a pensar que, probablemente, la libertad de pensamiento materializada de manera arquitectónica, así como, el conocimiento de belleza, rectitud, salud psíquica, polimería y humanismo característicos en el espíritu griego, son los parámetros que en nuestros tiempos tendría en cuenta Le Corbusier al desarrollar su obra. Se trata de una semejanza o coincidencia profunda en el modo de ver la vida y expresarla en el arte. No es casual que el autor del monasterio, admirara tanto la fineza del Partenón, la arquitectura bizantina de Santa Sofía y de los monasterios del Monte Athos.

4.- La lógica de un argumento

Lo espiritual no siempre está relacionado con lo estrictamente religioso. La espiritualidad es un fin al que no necesariamente se llega por el camino de la religión. La religión es un medio que puede, sin discusión, ayudar, pero al mismo tiempo, habrá que realimentarlo con la esencia del espíritu.

Si bien Le Corbusier aparenta ser ajeno a la devoción religiosa, no parece, sin embargo, estar lejos de la sed de espiritualidad que tiene el hombre, vale decir aquella que le ayuda a alcanzar el ideal gigantesco que lo domina y que por extensión, le permite expresarse libre y creativamente en favor del bien del prój(x)imo; colaborando genuinamente en el mejoramiento de la psicología de sus semejantes y contribuyendo con la arquitectura, a hacerles más feliz la vida, como dijera L. B. Alberti. De otro modo, sería difícil entender la fineza y solvencia en sus propuestas de edificios para el culto religioso cristiano católico, tanto a nivel secular como monasterial.

De las cuatro propuestas que realizara [8], dos de ellas, Notre Dame du Haut (Ronchamp) y La Tourette, se construyeron. Este hecho se debe a la estrecha colaboración y la confianza depositada por el padre Couturier en Le Corbusier. Dos intelectualidades, dos espiritualidades se unen con un fin común que sobrepasa los límites de resolver proyectos de arquitectura para espacios religiosos. Más bien, se trata de sufragarlos con un tinte de profundidad poética y calidad artística. Concibiendo implícitamente que lo espiritual *per se* promueve la elevación sobre lo terrenal. Metafóricamente, podemos dilucidar de que manera dos intensiones, con sus propuestas y diseños, intentan cooperar en la elevación del ser humano para que alcance su genuino nivel de persona, y este sentido de elevación, materializado en el despegue de La Tourette con respecto al nivel del terreno, pareciera además evocar ciertos pasajes de las sagradas escrituras, guía espiritual de los monjes como invitación a alcanzar la santidad.

No es extraño pensar que Le Corbusier, no sólo no tuvo problemas con su cliente, el padre Couturier, sino que además pudo entender perfectamente su necesidad y la de los monjes. Ese entendimiento entre ambos, viene de una asociación a un ideal común y profundo en la vocación de servir con lo mejor de uno mismo desde su propio carisma. Por otra parte, no debemos olvidar que Le Corbusier, a su modo, fue un monje, en el verdadero sentido de la palabra [9]; especialmente, durante la última parte de su vida.

Dicha tendencia se refleja en dos aspectos básicos de su pensamiento. Por un lado, en uno de sus tempranos escritos: *"...l'homme d'initiative, d'action, de pensée, le conducteur, demande à abriter sa méditation dans un espace serein et ferme, problème indispensable à la santé des élites ..."* [10]; por otro, en su estudio personal, (dentro de su oficina mayor), era una pequeña celda blanca, con las medidas del modulor [11], donde iniciaba el proceso creativo de sus proyectos antes de entregarlos para el desarrollo a sus colaboradores.

Con el mismo objetivo construyó en 1952 su pequeña cabaña de verano en Cap Martin, lugar de retiro para pensar y diseñar en soledad y en contacto con la naturaleza. De la misma manera que un monje busca soledad y aislamiento para un mejor acercamiento a Dios.

Podríamos afirmar una vez más que, el Padre Couturier y sus monjes, fueron los clientes perfectos, quienes encontraron en Le Corbusier al intérprete ideal de sus objetivos. Si observamos, por ejemplo, la iglesia de La Tourette, lo que sería para un profano un lugar adusto, advertiremos que tanto para el arquitecto como para los monjes, era la esencia de un "espacio inefable", luz, calma, proporción, formas puras en estrecha relación que colaboran en el ejercicio de lo genuinamente espiritual.

5.- La imaginación metafórica de Colin Rowe [12]

En su artículo sobre La Tourette, el teórico y crítico Colin Rowe, hace un análisis profundo de lo que el monasterio transmite como edificio al visitante eventual.

En su estudio, imagina lo que éste podría pensar al observar las distintas partes del convento. Tratando de introducirse en la mente del proyectista y del visitante a la vez, intenta justificar determinados gestos compositivos con la interpretación de un observador casual; dedica un detallado interés a la superficie vertical exterior de la pared norte de la iglesia; imagina su realidad simbólica, considerándola como el muro de una represa que intenta contener y reservar la energía del espíritu. Pareciera intentar descubrir el pensamiento dialéctico y el juego de contrarios entre la realidad espacial y la impresión óptica que el arquitecto le impone a la obra.

Especialmente, cuando define las fuerzas opuestas entre el edificio iglesia y la cripta (capilla del Santísimo). Del mismo modo que en su artículo *Las matemáticas de la vivienda ideal*, desarrolla la comparación entre la Villa Foscari-Malcontenta –de Palladio– con la Villa Stein –de Garches–; asimismo, ensaya un análisis comparativo entre el dibujo de Le Corbusier y su visión en escorzo del Partenón, con el ángulo norte de La Tourette. Rowe, también enfatiza la imagen perfilada o visión tres-cuartos, ideal de Le Corbusier para observar el *Parthenon y el Erechtheum* en todos sus aspectos, donde la columnata lateral del primero se asemeja al muro ciego de la fachada norte de La Tourette, y donde además, queda resaltada la trascendencia de las formas rectangulares.

Sin embargo, un aspecto interesante de mencionar en términos de coincidencia entre las dos composiciones –la Acrópolis y La Tourette–, es precisamente lo que Le Corbusier escribiera en *Vers une Architecture* sobre la síntesis compositiva de la Acrópolis, conceptos igualmente válidos para definir el diseño general de La Tourette. "...*Le spectacle est massif, élastique, nerveaux, écrasant d'acuité, dominateur...*" [13].

Referido al ordenamiento global del programa, es muy significativo y de interesante creatividad literaria el juego metafórico con el que C. Rowe define *La Tourette*: "...en realidad no es una iglesia con un área de vivienda adjunta, cuanto un teatro doméstico para virtuosos del ascetismo con un gimnasio para el ejercicio de los atletas espirituales a su lado ...".

Como conclusión de la visión analítica de Rowe, podemos decir, que elabora conceptos y comparaciones teóricas con el mismo grado de creatividad que Le Corbusier lo hiciera en la práctica del diseño, por medio de un juego de transmutaciones que provienen de la imaginación epistemológica.

6.- El aporte de Iannis Xenákis [14] en el proyecto de La Tourette

La principal contribución de Xenákis en el estudio del maestro suizo-francés, fue su colaboración como hombre universalista: ingeniero, filósofo, músico y arquitecto. Podríamos decir que, se trata de un alma gemela de Le Corbusier. Para Xenákis, lo coincidente no existía en el arte de alto nivel y para Le Corbusier la creatividad era una búsqueda paciente.

Xenákis, sostenía que la música basada en la geometría, tiene menos posibilidades de perderse que aquellas obras basadas en impulsos. Las matemáticas jugaban un rol principal en sus composiciones. Se basaba en la teoría de la música "contemplativa" (gr., *stochastikís*), donde contenido y estructura predefinen el resultado de una obra, contrariamente a la música aleatoria (*gr.*, *aleatorikí*), y donde lo casual resulta una parte del procedimiento creativo.

Su lenguaje musical es como el arquitectónico de Le Corbusier, balanceado entre lo racional y lo perceptivo, a la vez, equilibrado entre lo matemático y lo plástico. El sonido de la lluvia y de las manifestaciones eran los *objects à reáction poétique* de sus composiciones. La expresividad de su obra, tal como la de Le Corbusier, se separa de la de sus contemporáneos por el dinamismo mediterráneo que expresa. Otorgarle vida y brillo al sonido era el objetivo de sus trabajos musicales semejante a lo que el arquitecto le daba a la forma en sus diseños.

La transposición a la música de los fenómenos físicos haciendo base en las matemáticas, también es familiar a la que concibiera Le Corbusier desde la naturaleza a la arquitectura. La unión de arte, ciencia y tecnología era en ambos un eje común de investigación para la aplicación, en música y arquitectura. Y aunque fenoménicamente la producción de uno y otro se muestre abstracta, ambos encierran un profundo humanismo y hasta de un ligero romanticismo.

Un acercamiento más directo entre Le Corbusier y Xenákis, además de la relación formal que tenían como empleador-empleado o maestro-discípulo, se produce cuando Xenákis le propone colaborar personalmente con él en algún proyecto. El maestro acepta sin titubear respondiéndole, "...*I have a project that will suit you perfectly; it is pure geometry –a Dominican monastery...*" [15].

El proyecto comienza con las idea en planos y bocetos del Padre Couturier, iniciador del monasterio, más una idea clave de Le Corbusier basada en una iglesia cerca de Moscú (una especie de caja con una rampa central de ingreso). Naturalmente, la idea rectora del monasterio debía seguir las normales de la ley, a claustro rectangular cerrado. En el proceso de diseño, Xenákis propone un juego de rampas cerradas, paralelas a las alas del claustro. A esta propuesta, el arquitecto nacido en La Chaux-de-Fonds le agrega un sistema circulatorio rampado y cerrado en forma de cruz en el centro del espacio abierto. Finalmente, por falta de fondos, sólo se construyó éste último.

Un organismo Músico-Matemático | Le Couvent de Saint-Marie-de-la-Tourette Eveux-sur-Abresle, 1953-60, Le Corbusier

Aunque Le Corbusier supervisara de cerca el avance del proyecto, dejaba a Xenákis organizar arquitectónicamente los espacios, las circulaciones y las funciones, tanto en la mesa de dibujo, así como también, en las idas y vueltas entre París y Lyon para las reuniones de trabajo con los padres dominicanos.

Los detalles más importantes de la colaboración con Xenákis en este proyecto fueron: el techo inclinado del *atrium* (en el cruce de las dos circulaciones centrales); los velos estructurales calados (con forma de peine) que sostienen el *atrium*; el cilindro de la escalera en espiral que conecta el *atrium* con las salas de los padres profesores y las aulas; el volumen de la cripta, de superficie reglada cónica y techo plano, en forma de piano, adjunto a la fachada norte de la iglesia; la iluminación cenital de la cripta (Capilla del Santísimo) con un variado juego de tres *"canons à lumière"* cilíndricos; la iluminación cenital de la sacristía resuelta con elementos formales diferentes al de la cripta, pero con siete *"canons à lumière"* poligonales; el espacio para el órgano, la *"barjuleta"* que sobresale en el sector norte de la iglesia; las formas de diamante en concreto sobre los muros interiores norte y sur de la iglesia para resolver los problemas acústicos (no realizadas por falta de fondos) y el pre-dimensionamiento de todas las secciones en hormigón armado con el objetivo de otorgarle un cierto grado de ligereza armoniosa.

Sin embargo, la contribución más significativa de Xenákis en La Tourette, fue sin duda la creación de los *pans de verre ondulatoires*. Este diseño es la conjunción entre matemática, música y arquitectura. Xenákis, por esa época, estaba culminando su obra para orquesta "Metástasis" [14], la cual materializó por medio de elementos arquitectónicos, luego de esta experiencia de cálculo combinatorio en el campo musical.

Se trata de un juego fluctuante de densidades (número de eventos musicales por unidad de tiempo o longitud) de puntos a distancias definidos por la sección áurea. De esta manera, los corredores cruciformes del claustro y la fachada occidental de La Tourette, están compuestos por paramentos verticales de hormigón que marcan la densidad y los paños de vidrio que forman los intervalos variados. Este diseño recibe el nombre de *"Undulating glass panes"*, debido a la ondulación que se dibuja por la densidad de los marcos.

Posteriormente a ello, Le Corbusoer, le propone a Xenákis el diseño, con este sistema en las fachadas vidriadas de edificios como el Palais de l'Assemblée - *Chandigarh* (1950-65), la Maison des Juenes - Firminy (1960-65) y la Maison du Brésil à la Cité universitaire - París (1957-59) Musée naational des Beaux-Arts - Tokio (1957-59). Igualmente, luego del alejamiento de Xenákis, en 1958, del estudio de Le Corbusier, este sistema se verá aplicado en edificios como el Visual Arts Center - Cambridge Massachusets, USA. (1961-64) y en el Palais des Congrés - Strasbourgo (1964).

7.- La influencia y la vigencia de La Tourette

El valor histórico del monasterio dominico de La Tourette, radica primeramente, en el gesto progresista que propone como eslabón en la cadena evolutiva de la arquitectura monástica cristiana occidental, y después, por resultar una obra didáctica del diseño arquitectónico a nivel general y paralelamente en ciertos aspectos particularizados. Algunos temas materializados en esta obra parecieran ser, sino referentes directos, al menos antecedentes conceptuales que se verifican en detalles de las más diversas tendencias de la arquitectura actual. Ello, reafirma el valor vanguardista del pensamiento creativo de Le Corbusier y su obra. Mencionaremos algunos conceptos y paradigmas para corroborar con claridad el hito referencial que resulta ser La Tourette hoy, a algo más de cuarenta años de su construcción:

a) La idea formal minimalista conjuntamente con la materialidad de una textura rústica mediterránea es verificable hoy en las arquitecturas de Campos Baeza, Rogelio Salmona, J. Herzog-de Meuron y Mario Botta, entre otros.

b) El hormigón armado casi como "monomaterial" con acabado *brut*. Si bien, en La Tourette, el *betón armé* es elaborado casi intencionalmente a partir de un encofrado en madera no pulida. El carácter brutal del hormigón, a modo de expresión, es evidente en la arquitectura de Tadao Ando y Luigi Snozzi (aunque en estos dos casos, evolutivamente se verifica en las superficies un acabado liso, de textura más fina). O en el cementerio San Vito de Carlo Scarpa con una detallada articulación dentada.

c) La forma plástica en el tratamiento del material, como se muestra en la cripta del monasterio y en la solución estructural

Un organismo Músico-Matemático | Le Couvent de Saint-Marie-de-la-Tourette Eveux-sur-Abresle, 1953-60, Le Corbusier

del *atrium*, es verificable en la obra de Oscar Niemeyer, y en varios detalles de la obra de Miralles-Pinós, especialmente, en el Cementerio de Igualada o en los Campos de Tiro con Arco en Barcelona.

d) El detalle particularizado de la abertura en el muro de la escalera que conduce a la terraza de La Tourette es reelaborado por Xenakis en la casa que le construyera al compositor francés Francois Bernard Masche en la isla de Amorgós, Grecia.

e) El gesto plástico fondo-figura, tema recurrente en diversos detalles de La Tourette tales como: iglesia-cripta; ala-escalera en espiral; ala-oratorio; fachada oriental de la iglesia- volumen del órgano, vienen a ser una característica en no pocos diseños de R. Meier, por ejemplo el Museo Arte Contemporáneo de Barcelona o el High Museum of Art en Atlanta.

f) La Pirámide Oratorio, elemento jerárquico por su forma en el claustro del monasterio, es advertible conceptualmente en el ingreso piramidal del hall de la Winton Guest House de F. Ghery.

La Tourette fiel al objetivo e identidad de sus usuarios, los monjes que buscan a Dios en la soledad, manifiesta sencillez aparente, belleza encerrada, riqueza oculta, y guarda el secreto de la paciente y silenciosa búsqueda de lo esencial. Tal vez, por ello, siga siendo actual y continúe ofreciendo ideas para ser reelaboradas cada vez. La variedad de líneas arquitectónicas que siguen los ejemplos mencionados son prueba fiel de ello.

Notas
1. Le Corbusier, *Precisiones respecto a un estado actual de la arquitectura y el urbanismo*, Barcelona, 1999, pág. 27-28.
2. Entre otros podemos mencionar los Inmuebles-villa (1922), el Pabellón de L'Esprit Nouveau (1925), y varias de las Unités d'Habitation. En la visita a la Charterhouse d'Ema Le Corbusier encuentra muy tempranamente una respuesta concreta, entre lo individual y lo colectivo, para resolver las viviendas económicas.
3. Le Corbusier, *Vers une Architecture, Paris*: Les éditions C. Crés, 1958, pág. 132.
4. Genius Lochi, es un concepto romano que Christian Norberg-Schulz retoma en la teoría de la arquitectura para referirse al respeto de los edificios hacia el medio ambiente y la armonía que éstos guardan

con el mismo. De acuerdo a las creencias romanas antiguas, cada ser, tiene su «Genius», su espíritu guardián. Este espíritu da vida a la gente y a los lugares, los acompaña desde el nacimiento hasta la muerte y determina su carácter o esencia.
5. Hormigón armado bruto.
6. Le Corbusier, *Precisiones*, óp.cit, pág. 155.
7. Le Corbusier, *Creation ir a patient search*, EUA, Universidad de Michigan: Praeger, 1960, pág. 219.
8. Saint Baume (la "Trouinade") cerca de Aix-en-Provence 1948, Notre Dame du Haut en Ronchamp 1951-1953, Monasterio Dominicano La Tourette en Eveux-sur-Arbresle 1953-60 y la Iglesia en Firminy-Vert 1963.
9. Monje del griego, monaxós, mónos = solo
10. Le Corbusier, *Vers une Architecture*, óp. Cit., pág. 11; "...el hombre de iniciativa, de acción, de pensamiento, el líder, requiere de un refugio para su meditación, de un lugar tranquilo y seguro, tema indispensable para la salud de esta gente..."
11. Modulor, se refiere al sistema de medidas propuesto y publicado por Le Corbusier en el libro llamado "Le Modulor" (1948), y posteriormente más detallado en "Le Modulor 2" (1953). En ambos da a conocer su trabajo, aunándose a una larga "tradición" vista en personajes como Vitruvio, Da Vinci y Leon Battista Alberti en la búsqueda de una relación matemática entre las medidas del hombre y la naturaleza.
12. Rowe Colin, *La Tourette en Manierismo y Arquitectura Moderna y otros ensayos*, España: Gustavo Gili, 1999, pp.179-195.
13. Le Corbusier, *Vers une Architecture*, óp. Cit., pág. 31; "...La composición total es, sólida, elástica, tensa, de plena agudeza, dominante..."
14. Lannis Xenakis (1922-2001), ingeniero civil, compositor y teórico musical. Trabajó durante doce años en el estudio de Le Corbusier. Colaboró estrechamente en el diseño del monasterio La Tourette y fue, en gran parte, responsable del diseño del Pabellón Phillips para la Feria Mundial Bruselas 1958.
15. Xenakis Iannis, Le Corbusier, *The Monastery of La Tourette*, Princeton, EUA: University Press, 1987, pág. 14.- "Metástasis- 1953-54", la parte mediana de la misma estaba construida sobre la base de una organización combinatoria de intervalos melódicos +1, +2, +3, +4, +5, +6, expresados en semitonos.

Bibliografía

Aubert Marcel, *L'Architecture Cistercienne en France*, Paris: Editions d'art et d'histoire, Tomos I-II, 1947.

Braunfels Wolfang, *Monasteries of Western Europe, the architecture of the orders*, London: Thames Hudson, 1993.

Colquhoun Alan, *Modernity and the Classical Tradition, Architectural Essays 1980-87*, pág. 179 -190, London: MIT Press, 1989.

Curtis William, *Le Corbusier: Ideas and Forms*, Oxford, EUA: Phaidon, 1986.

Gresleri Giuliano, *Le Corbusier, viaggio in oriente*, Venezia – Paris, Marsilio Editori, 1984.

Henze Anton - Moosbrugger Bernhard, *Le Corbusier, La Tourette, Fribourg:* Office du Livre, 1966.

Jencks Charles, *Le Corbusier and the Tragic View of Architecture*, Massachusetts, EUA: Harvard University Press; First Edition edition (1973), 1976.

Le Corbusier, *Vers une Architecture*, París: Les éditions C. Crés, 1958.

_____, Creation is a Patient Search, New York, 1960.

_____, 1946-52, Œuvre compléte Vol. 5, Zürich, 1953.

_____, 1952-57, Œuvre compléte Vol. 6, Zürich, 1958.

_____, 1957-65, Œuvre compléte Vol. 7, Zürich, 1965.

_____, *Precisiones respecto a un estado actual de la arquitectura y el urbanismo*, Barcelona, 1999.

Rossi Aldo, *Scritti sull'architettura e la cittá 1956 -1972*, Milano: CLUP, 1978.

Rowe Colin, *La Tourette en Manierismo y Arquitectura Moderna y otros ensayos*, España: Gustavo Gili, 1999.

Xenakis Iannis, *Le Corbusier: The Monastery of La Tourette*, Princeton University Press, New Jersey: Allen Brooks A., 1987.

Claudio Daniel Conenna

52

Cuatro visiones sobre la obra de arte

ULISES MÁRQUEZ CRUZ

En las siguientes líneas abordaremos un tópico que parece estar directamente relacionado con la subjetividad: la obra de arte. Es cierto que la interpretación de una obra de arte depende de la impresión que ésta causa en quien la contempla, y precisamente de esto tratan los cuatro ensayos que toma este artículo como referencia. Lo interesante de estos cuatro ensayos resulta en la manera en que Max Bense, Nicolai Hartmann, Susanne K. Langer y Henri Lefébvre abordan dicho tema. La característica que, creo yo, define estos textos es la manera sencilla en que se acercan al tema. Con enunciados claros e ideas precisas, los autores permiten comprender más a fondo los mecanismos con que opera la obra de arte, tanto en su creador como en quien la recibe.

I
Comenzaremos considerando la visión con que Max Bense [1] propone el modo de ser de la obra de arte, es decir, cómo es elementalmente la obra de arte. Tratamos aquí de la obra de arte como producto de la actividad creativa de un individuo, el artista, que por medio de los materiales da forma a una idea. Identificamos, en primera instancia, los dos elementos que, desde este punto de vista, aparecen como esenciales en la obra de arte: los materiales que la componen y la idea que el artista introduce en ella.

Es en este punto donde surge un primer problema: ¿es posible definir el momento en que una obra de arte se encuentra terminada? El ideal de la obra de arte es un enunciado que da por sentado que la actividad artística se encuentra en perpetua búsqueda de algo perfecto, de algo ideal. El artista, pues, no puede sentirse nunca satisfecho con el producto de su actividad. La obra de arte es

I

siempre perfectible. La prosecución de un ideal supone siempre una constante búsqueda. Sin embargo, la intención del artista es también la transmisión de su idea. El artista crea, además de para sí, para los demás. Entonces, el único modo en que este cometido puede llegar a cumplirse es por medio del objeto material. De esta manera, la actividad creativa se ve en la necesidad de encontrar un momento en que su idea sea introyectada en el objeto material. Este instante, en que la actividad creativa se ve truncada, es el momento que ve nacer a la obra de arte.

Podemos darnos cuenta de que el modo de ser de la obra de arte requiere del objeto real como condición necesaria para ser objeto de percepción estética y proporcionar gozo a quien la contempla. Bense denomina correalidad a este modo de ser de la obra de arte, a esta condición de ser en dos realidades. El ser estético, es decir, la obra de arte, necesita del objeto real para que el sujeto estético tenga manera de ser perceptible. En este sentido, podemos entender al objeto real como el contenedor, como el recipiente donde el artista vacía el contenido de la obra de arte, y el sujeto estético será entonces lo que el artista percibe y desea reflejar en su creación.

Esta condición necesaria de correalidad no implica que cualquier objeto fabricado que comunique una idea deba ser considerado una obra de arte. Al respecto, cabe considerar que como segunda condición necesaria debemos incluir el adjetivo bello en la categoría de la obra de arte. La belleza es inherente a la obra de arte. Pero es necesario aclarar que la belleza como tal no existe. Es una idealización que no pertenece a los objetos reales. El fondo aquí consiste en darnos cuenta de que los objetos que produce el artista son bellos gracias a la idealización que contienen. Lo bello en la obra de arte es la idea introducida en el objeto real. Esta belleza, desde luego, no se refiere a una belleza tangible, si no a los medios de los que se vale el artista para comunicar su sentir, lo que percibe como sujeto estético y desea expresar en un acto de voluntad e inteligencia, es decir, en un acto espiritual.

II

Pasamos así al territorio de las obras de arte, de su contenido, del modo en que éstas se organizan y son percibidas. Nicolai Hartmann [2] nos presenta una interesante visión de esta estructuración (si cabe el término) de la obra de arte. Hartmann, al igual que Bense, identifica este modo de ser correal en un primer término (lo real) y un fondo (lo ideal) de las obras de arte. Este primer término será nuestra puerta de acceso a lo ideal de la obra de arte. Es en este momento en el que aparece la percepción de cada individuo en el proceso de transmisión de lo ideal contenido en la obra de arte. Esta manera de percibir será lo que provoque que la idea llegue de muy distintas maneras a quienes contemplan una obra de arte cualquiera. Por ejemplo, un escultor no puede imprimir directamente el movimiento. Sin embargo, y en esto radica parte de la esencia del quehacer artístico, consigue capturar esta impresión. Hasta aquí la percepción general es la misma: captamos la idea de movimiento. No obstante, la ambición del artista no se limita a presentarnos una figura estática que contiene la impresión de movimiento. El artista desea expresar su sentir y se vale de capas sucesivas que se desvelan conforme aprehendemos el sujeto estético contenido en el objeto real. Captamos la expresión, el sufrimiento, la dicha, el amor, el odio, el sentir; es decir, las emociones contenidas en el objeto. Esta secuencia de capas o estratos se descubren cada vez con mayor dificultad, pero al ser advertidas por el espectador proporcionan mayor gozo. Cuántos estratos conforman una obra de arte no es cosa fácil de definir. Dependerá, como se menciona arriba, del sujeto, de su capacidad de aprehensión y de su disposición para disfrutar la idea contenida en el objeto real. Además, siempre estará presente la propia interpretación del artista. Debemos observar que el artista, como sujeto, tiene una visión particular distinta de quien observa el producto de su actividad.

Bajo esta óptica, además de los dos elementos esenciales que conforman la obra de arte (idea y objeto) existe una serie de estratos que componen lo que Hartmann designa como trasfondo de la obra de arte, es decir, la parte inmaterial, lo intangible, lo que la obra transmite. Si bien el modo de acercarnos a este trasfondo depende de la experiencia personal, también es evidente que la obra de arte nos mueve, toca nuestro sentimiento y así logra su cometido.

Hasta aquí la idea de trasfondo resulta clara, pero surge la pregunta de qué sucede con la música y la arquitectura, artes no objetivas, poniéndolo en palabras de Hartmann, "no objetivas en tanto que no representan". Aquí, el tema que aparece evidente en una escultura, pintura u obra literaria, resulta difícil de dilucidar. Sin embargo, por medio de las cualidades inherentes a la belleza, el artista encuentra la manera de transmitir el sentimiento. La forma, el ritmo, el equilibrio, etc., se convierten en los elementos que suplen la carencia de contenidos u objetivos específicos.

Hartmann propone que, al ser posible la identificación de un primer plano y un trasfondo en estas obras, quienes las perciben pueden a su vez penetrar en ellas y tomar el ideal introyectado. En el caso de la música encontramos el primer plano en lo perceptible de la forma acústica, es decir, los sonidos. Lo musical viene después al percibir la organización (forma) que el artista introduce en la secuencia acústica. Lo que percibimos de forma sensible, los sonidos, sólo dura un instante. Asimismo, somos capaces de retener la melodía e incluso ser conmovidos por ésta aún después de que ha dejado de sonar. Extraemos de la obra musical su contenido, nos apropiamos del ideal que percibimos en ella. En el caso de la arquitectura, al igual que en la música, el autor introduce la idea con la fuerte limitante de no poder guiar la interpretación por parte del contemplador. Además de esta dificultad, la arquitectura presenta una condición adicional: debe ser útil. La obra arquitectónica nace a causa de una necesidad y su primer compromiso es suplirla. Tiene también el compromiso con el artista de suplir la necesidad de expresión de la voluntad que la produce.

Es difícil pues, descender a estos estratos contenidos tras un primer plano real. Para Hartmann "El primer término es perceptible sensiblemente. Mas para aprehender el fondo es menester todavía una tercera cosa... Este tercer factor es espiritual.". Sea cual sea, ese tercer factor es el que permite que nos demos cuenta de que podemos (y debemos) ir más allá del objeto real para el goce de lo estético por medio de la belleza. El acto de aprehender la obra de arte es un acto que se realiza desde el objeto material hacia el interior de éste, hacia el terreno de lo ideal. El acto de crear es, por el contrario, del interior del artista, desde el terreno de lo ideal, hacia el exterior por medio del objeto material.

Ahora, nos hemos acercado tanto al modo de ser de la obra de arte como a la manera en que ésta se presenta y se organiza para ser percibida. Conviene entonces que dediquemos un momento a tratar de comprender la forma en que nosotros percibimos la obra de arte.

III

Susanne K. Langer [3] nos introduce al tema con un enunciado muy útil para ese efecto: "Una obra de arte es una forma expresiva creada para nuestra percepción a través de los sentidos o la imaginación, y lo que expresa es sentimiento humano". En esta oración lo que debemos acentuar es la expresión forma expresiva creada. Aquí entendemos la palabra forma en su sentido abstracto, es decir, la forma como principio organizador de las cosas. Esta forma expresiva creada que organiza el objeto es la realidad que percibimos en primera instancia. Lo que nos ocupa aquí es el modo en que percibimos esta forma.

Si lo vemos objetivamente es necesario mencionar lo complicado que puede resultar nuestra percepción "natural" de la forma. Podríamos ampliar esta idea de percibir la forma del modo en que Langer lo hace.

Este modo abstracto de percibir la forma suele llamarse forma lógica. Supongamos que tenemos un grupo de pantallas para lámpara. De ellas elegimos una en particular. Percibimos su forma física, la reconocemos, pero además, procesamos una abstracción de dicha pantalla, el modo en que se encuentra organizada, es decir, su forma lógica. Abstraemos de ella los factores que la caracterizan de manera genérica, no particular. Así, no dudaríamos en preguntar si hay otra pantalla igual, pero de distinto color o más pequeña. Esperamos, de manera lógica, que la persona a quien nos dirigimos haya entendido la abstracción de modo natural y, enseguida, nos muestre lo que deseamos. Si bien es más que evidente que las pantallas no son iguales (difieren en sus características físicas), de modo natural tomamos la idea que nos permite relacionar abstracciones que se refieren al modo en que está organizado el objeto, es decir, su forma.

Resulta también interesante la situación de las formas dinámicas. Al observar un tornado, lo que percibimos no es otra cosa que la forma del movimiento mismo. Una cascada aparece ante nosotros en continuo movimiento. En un sentido estricto, la cascada nunca es la misma, pero al mismo tiempo, vemos en ella una forma constante. Citando a Heráclito, Langer observa: "no es posible entrar dos veces al mismo río en un mismo punto".

Abordaremos ahora la manera de entender la forma que nos interesa aquí, la forma expresiva. Una forma expresiva, como sería el caso de una obra de arte, es una totalidad perceptible que nos presenta relaciones de partes, cualidades o puntos de una totalidad. Por ejemplo, un mapa es una forma expresiva, perceptible, de una ciudad, una región, un país, etc., no perceptibles en su totalidad, pero que sabemos existen. Creamos símbolos que permiten entender estos objetos no perceptibles. Como forma expresiva que es, la obra de arte puede entenderse como el símbolo que representa lo imperceptible de la idea que contiene. En este sentido, el lenguaje se presenta como el artificio simbólico más elaborado, una convención de símbolos que, al combinarse, pueden designar cualquier objeto, sea este real o ideal. Volviendo a la obra de arte, entendemos que la totalidad que expresa es el sentimiento del artista para ser aprehendido por nuestra percepción.

IV

Para redondear este breve escrito que pretende ayudarnos en la comprensión de la obra de arte, será menester tratar de esbozar el entorno bajo el cual nace la obra de arte. Henri Lefébvre [4] aborda la temática y nos sugiere de inicio que en la obra de arte se conjuntan tanto la interpretación de la naturaleza humana como de la vida misma, aunadas a la visión particular de una ideología. La obra de arte no es un acto de imitación directa de la naturaleza. La obra de arte es la simbolización de conceptos abstraídos por un individuo. A esta actividad le es inherente el conocimiento y la ideología.

El artista percibe su entorno, lo conoce. Y de éste tiene además una interpretación. Esta interpretación influye directamente en el artista respecto al modo en que entiende su actividad. El arte resume la esencia del entorno bajo la que es creada, no puede mantenerse ajena a él. El artista es consciente de esto y lo refleja. Es este factor de conciencia e interpretación del entorno lo que nos remite al arte como conocimiento e ideología.

Por otra parte, el arte se involucra con otra actividad distinta al conocimiento. El impulso creador, propio de la obra de arte, se ve ligado directamente al sentimiento y éste en absoluto nos refiere a la reflexión, al pensamiento o al conocimiento. Así, el artista se ve involucrado con dos realidades: el espíritu creativo y la reflexión de la realidad a través de la obra de arte.

En cuanto a la posible explicación de la obra de arte, de su conocimiento completo, implicaría el agotamiento de todas las posibilidades del objeto. Debido a que cada individuo tiene una percepción personal de la obra de arte, esta posibilidad de explicación se ve imposibilitada. La obra de arte, en palabras de Lefébvre, "... se dirige directamente a una función distinta de la inteligencia y la razón... (se dirige) a la sensibilidad". El artista no crea la obra de arte con la idea de explicarla a quien la recibe, sólo lo guía y le muestra el modo de penetrar el trasfondo a través del objeto real.

Así, con una ideología personal producto del conocimiento de su entorno, aunado a su necesidad de expresarse, el artista nos presenta su interior en un objeto real al que designamos con el nombre de obra de arte.

Hay algo más profundo que el elemento físico en cada objeto creado, natural o humano. La belleza nos puede guiar hacia el interior, pero sólo nuestra percepción y disposición a entender el verdadero modo de ser de las obras de arte nos permitirá penetrar más allá del objeto material y, como consecuencia lógica, entenderemos de manera más sensible todo aquello que nos rodea.

Notas
1. Bense, Max, "El ser estético de la obra de arte", en Adolfo Sánchez Vázquez (1972, 5ª reimpresión 1996): Antología. Textos de estética y teoría del arte, Lecturas universitarias No. 14, México: UNAM, 1954, pp. 126-130.
2. Hartmann, Nicolai, "Los estratos de la obra de arte", en Adolfo Sánchez Vázquez (1972, 5ª reimpresión 1996): Antología. Textos de estética y teoría del arte, Lecturas universitarias No. 14, México: UNAM, 1961, pp.131-144.
3. Langer, Susanne K.,"La obra artística como forma expresiva", en Adolfo Sánchez Vázquez (1972, 5ª reimpresión 1996): Antología. Textos de estética y teoría del arte, Lecturas universitarias No. 14, México: UNAM, 1966, pp.145-153.

4. Lefébvre, Henri, "Contenido ideológico de la obra de arte", en Adolfo Sánchez Vázquez (1972, 5ª reimpresión 1996): Antología. Textos de estética y teoría del arte, Lecturas universitarias No. 14, México: UNAM, 1956, pp. 154-162.

Bibliografía
Adolfo Sánchez Vázquez, "Antología. Textos de estética y teoría del arte", Lecturas universitarias No. 14, (1972, 5ª reimpresión 1996), México: UNAM, 1954.

62

De tramas y entramados con Velázquez al fondo

EFIGENIA CUBERO

Me gusta reencontrarme con Velázquez. Siempre. Cualquier excusa es buena; ya sea frente a la exposición Fábulas de Velázquez que concluye en El Prado o la casi obligada cercanía cuando me hallo de paso por Madrid y visito su "estudio" para ver como sigue pintando Las Meninas. De repente, me planto, por ejemplo, ante los ojos de Felipe IV, e interrogo su aparente tedio, su apariencia de abulia y también me pregunto cómo sería ese fondo no pintado, que protegió al artista frente a sus adversarios, dejando que expresara de una forma tan libre, frente a las rigideces de la Corte, lo que aún nos emociona, nos deja absortos siempre y asombrados... Me cae bien este Rey taciturno y ausente, que asume su destino con una incierta carga de silencios internos; de acompañada y prolongada soledad. Ante él, el tiempo y el espacio se hacen cómplices para un legado único que todos compartimos; en las salas del sueño, donde la irrealidad profunda nos atrapa con su carga real de estética y sentido, de pensamiento y arte más allá de los siglos pasados y presentes e incluso venideros. Dos personalidades confrontadas: creador, Diego Velásquez, espectador el Rey. El pintor y el monarca frente a frente, a solas con su carga, amando la creación y entregándose a ella sin reservas desde el fuego secreto del instante: uno al plasmar la hondura, la levedad sutil, de lo observado, sin juzgar al modelo, entendiendo su época desde la interrogante sin respuestas, alimentando llamas de otra hoguera interior más reservada. Y el otro a contemplar su decadencia, la suya personal, la de esa España, oro en el siglo del entendimiento; estaño en las gestiones y en la moral pacata y represora. Con cierto acíbar de melancolía, busca en el propio azogue, fijada su silueta melancólica en años diferentes, sucesivas etapas, consciente de estar siendo atrapado por los pinceles, implacables y sabios, de la inmortalidad.

I

Casi táctiles, casi etéreas, casi realistas, casi abstractas, respiro en estas obras sobre el líquido asombroso de cielos transparentes surcados por matices de serena belleza, el cielo es de cristal o de carámbano, de traslúcida atmósfera, de tercera dimensión guadarrameña, abierta a perspectivas de ahora mismo. Contemplo esa plata rosada de los atardeceres sevillanos que imprime a los ropajes de su tierna modelo, la infanta Margarita, la de sus preferencias. Me gusta el hombre, Diego, hasta en sus secretas ambiciones, largo tiempo esperadas. Me atrae su exploración indagatoria, sus desmitificaciones de dioses: tan humanos, de la complejidad de cada ser; su imantada postura ante la vida; que interroga, que ausculta, que atraviesa verdades interiores, que ahonda en deformidades que no están a la vista como espejo ominoso ante deformaciones que tan sólo son físicas, envueltas estas últimas en dignidad y respeto.

Ahí están sus bufones para corroborarlo. En esta fragilísima suspensión de platea y escenario, se conforma el vacío.

A veces es escueto; neutro el fondo y radical la forma, a veces es perfecto y otras inacabado, con un punto de fuga que concentra la huida. A veces, helicoidal, siembra de sugerencias el proscenio y nos deja la duda de algunas claves de interpretación. Planos sobre los planos. Se sabe que era culto, imposible no verlo en esos lienzos que, aun en el libre trazo, no sostiene el azar. Se sabe que había leído Las Metamorfosis… ¿Planea Ovidio sobre los círculos de Las Hilanderas? Imposible saberlo, todos son deducciones. Algunos opinarán que sí, por las correlaciones en lo representado. Otros en cambio aludirán a tramas más secretas, sólo su mente se halla en el misterio -perpetuo y elusivo- de la libre creación.

La rueca en el famoso cuadro, activa el movimiento. Ángulos diferentes sobre el plano primero, el círculo primero de mujeres reales que trabajan -como es documentado- para la manufactura de tapices de Santa Isabel. Cada expresión: de escorzo, de frente, de espaldas, de perfil de cada una de las tejedoras, concentra la atención sobre ellas mismas, al tiempo que introduce a cada espectador al interior del lienzo. Pueden narrar la acción lo que sucede, o pueden presentarla o simplemente dejan nuestro libre albedrío en conjeturas ¿Explican, en una suerte cinemática de realidad y ficción el Mito de Aracné? ¿O simplemente ajenas a la urdimbre, siguen con su tarea tejiendo sobre el tiempo? Al fondo - otro círculo más- y otras espectadoras, damas de clase alta, trazan plano intermedio sobre ficción y realidad, sobre el duro trabajo cotidiano y la vigencia o la ilusión del mito.

Sabemos bien la leyenda: Aracne, afamada tejedora de Lidia, jugando a tertuliana de ahora mismo, teje en vez de filmar, al mismísimo Júpiter, plasmando en los tapices los amores adúlteros del dios, la seducción constante del amador donjuán incorregible. La vengadora Palas Minerva, hija del retratado convertirá en araña a la insensata manipuladora, atrapándola así en su propia y viscosa red divulgativa.

Velázquez tiende el hilo y nos une también a la ventana donde hemos observado su quehacer de entomólogo sobre el espacio tiempo, sutil tela tejida por las arañas de la inteligencia, de su creadora luz interrogante. La audacia en los extremos de esos matices que anuncian el impresionismo. La velocidad que en primer término imprime al movimiento de la rueca, en un segundo lo figurativo se diluye o desaparece dejando la acción misma, la abstracción del instante. Está el dato material y concreto, la apariencia de precisión, lo narrativo, y luego existe lo contradictorio, la sugestión fugaz mediante un complejo juego de interrelaciones. Equilibrio, confrontación, la técnica precisa del oficio y la imaginativa libertad en esa multiplicidad espacial que atrapa con la fuerza de las imágenes y que va más allá de los significantes o los significados…

¡Tan moderno e intemporal, tan de este nuevo tiempo, jugando con lo ambiguo de la vida, con la ilusoria realidad del mito, con ritmos distintos, con minuciosas precisiones, con manchas que sugieren, perspectivas cambiantes, espacios que se engarzan alternando la fantasía con el mundo real, lo inacabado con la perfección…! Aquí diríamos con René Char, "Y sólo los ojos son aún capaces de lanzar un grito…" Sevillano Velázquez, acostumbrado a calibrar la vida desde las dos vertientes de su ciudad: Escaparate y fondo, intimidad que hurta celosamente claves, espectáculo único mostrado sin reservas… Y, como diría un amigo poeta y periodista, Antonio García Barbeito, sobre otro sevillano, ilustre, extraordinario y único artista del toreo, en su artículo, *Porque es Arte*. "Te hiela o te achicharra, nunca tibio, nada de medias tintas: luz o infierno. Y lo mismo en persona, que las luces no le cambian el paso ni su viento…" Nadie cambiará nunca la realidad del mito, intemporal y siempre renovado, tan vigente Velázquez… porque es Arte.

68

Arquitectura y cine

JORGE GOROSTIZA LÓPEZ

La realidad
Antes de comenzar a estudiar los profesionales reales que han intervenido en el cine y los ficticios que el séptimo arte ha "inventado" para mostrarlos en la pantalla, lo lógico es empezar con una panorámica de las relaciones entre el cine y la arquitectura. Una panorámica que pueda servir para centrar el tema, dando además la posibilidad de abrir caminos a futuras investigaciones.

Cuando el espectador entra en la sala de cine vive la realidad, su realidad. En el momento que se apagan las luces y empieza la película, comienza una historia que sucede en un espacio y un tiempo normalmente falsos, reproduciendo o creando otra realidad donde se sumerge el público, que abandona lo que le rodea. La ilusión debe ser completa y la introducción en ese otro mundo, total. Por lo tanto para el espectador hay dos realidades que se superponen.

Es evidente que el espacio y el tiempo cinematográficos no son reales con respecto a los del espectador, tanto uno como otro pueden ser falseados, aunque den la sensación de ser verdaderos. Y a esa sensación contribuyen los decorados que influyen decisivamente en el aspecto visual de la película e incluso en su argumento.

Las relaciones entre la arquitectura y el cine se van a estudiar desde dos puntos de vista. Primero desde el cine hacia la arquitectura, es decir, la arquitectura que se hace en, o para, el cine y que ha quedado para siempre impresionada en las películas. El segundo punto de vista es simétrico, desde la arquitectura hacia el cine, intentando explicar cómo influye el séptimo arte en la arquitectura construida o en las concepciones arquitectónicas de los profesionales.

Cine y arquitectura

La relación más habitual entre cine y arquitectura, y la única que se ha encontrado en la mayoría de las ocasiones, se ha establecido estudiando sus aspectos formales. Es decir, a través de las edificaciones que se muestran en la pantalla y su clasificación dentro de un determinado estilo o corriente arquitectónica.

Crear la forma de las edificaciones que aparecen en el cine es el objeto de la escenografía cinematográfica y por lo tanto para conocer estas formas es imprescindible estudiarla.

La escenografía, tanto teatral como cinematográfica, se ha considerado hasta ahora subordinada a la arquitectura, por creerse que es sólo un medio para reproducir espacios. No es este el lugar propio para desarrollar un teoría de la escenografía, pero por los primeros pasos que el autor ha dado en un estudio que está comenzando a desarrollar, parece que se pueden establecer una serie de pautas diferenciadoras que inducen a pensar en la escenografía como una disciplina autónoma, que cuenta con un lenguaje y unos instrumentos específicos.

Dejando aparte esta hipótesis de trabajo, aún no suficientemente probada, se puede partir de la base que las analogías entre escenografía y arquitectura son suficientes al ser su objeto la construcción de espacios.

Por ello es conveniente empezar estableciendo una definición de la escenografía. El Delegado de la especialidad de Decoración en la Escuela Oficial de Cinematografía española escribía que la escenografía en el cine "consiste en reproducir una realidad adaptándola a unas circunstancias de espacio y tiempo que faciliten al máximo un futuro rodaje".

Esta definición evidentemente es limitada y refleja la posición subordinada, que antes se citaba, ante la arquitectura.

La escenografía no sólo sirve para reproducir la realidad, incluso cuando se ha eludido esta realidad se ha logrado llegar a unas cotas más altas de creatividad, consiguiendo al mismo tiempo los objetivos a que está destinada.

Esta línea comenzó con el cine expresionista alemán y debe recordarse que la mayoría de los objetos de esta tendencia que se llegaron a construir se vieron en una pantalla. Una línea que al optarse por el realismo no tuvo casi continuidad en el cine mundial y mucho menos en el norteamericano, en el que puede rastrearse en algunas películas musicales.

Volviendo a la definición de escenografía, una de las más completas la establece Elena Povoledo, cuando dice que es: "el arte y la técnica figurativa que prepara la realización del ambiente, estable o provisional, en el cual se finge una acción espectacular. Por extensión se emplea también para indicar el conjunto de los elementos, pintados o construidos pero siempre provisionales, que ayudan a crear el ambiente escénico".

La escenografía tiene dos formas de reproducir una realidad: repetirla en un estudio, o usarla directamente transformándola al rodar en exteriores.

Espacios ficticios

Para el delegado de decoración en el texto antes citado, lo más lógico en el momento en que escribía era rodar en estudio, por eso continuaba: "Cualquier otra actividad: dirección, producción, cámara o interpretación, pueden desarrollar sus ejercicios e incluso brillantemente, sin necesidad de un plató. No así nosotros, que necesitamos de ese imprescindible espacio cubierto y acondicionado para ejercitar y practicar las enseñanzas recibidas".

Aunque parecería más fácil repetir la realidad en un estudio, surgen multitud de problemas, algunos tan insospechados como los que contaba Wim Wenders cuando le preguntaban por las diferencias en el momento de colocar la cámara en estudio o en exteriores: "En un estudio siempre hay que estar evitando los encuadres hacia arriba, los contrapicados porque puede verse el techo. Así que hay que colocarse alto y rodar, encuadrar hacia abajo. Lo más difícil de imitar, de hacer intuir, si hace falta, es el cielo, aunque esto puede parecer algo trivial".

La realidad de los decorados construidos en estudios puede llevar a la frustración frente a la realidad que se presenta en la pantalla: "Porque si se entra en el cine, se descubre directamente que es muy poco fascinante, muy aburrido: nunca hay menos realidad que en un set, porque el set no es nada, es la película la que lo hace especial. Se puede muy fácilmente sobrestimar la influencia del cine, del haber hecho cine: hacer cine, es la desmitificación completa del cine", declaraba el arquitecto

Rem Koolhas. Sin embargo, el director Raul Ruiz decía que "las emociones que producen los decorados, los elementos móviles, son algo difícil de trasmitir en el cine. Cuando estás en un estudio la visión lejana del paisaje es una cosa, cuando te acercas ves cuán distinto es todo aquello".

A esta sensación se suma otra diferencia entre la escenografía cinematográfica y la arquitectura. Una de las limitaciones del escenógrafo consiste en que, tal como contaba el director artístico Gil Parrondo: "En decoración normal un buen decorador todo lo que toca es para embellecerlo, para hacerlo más elegante. En cine, a veces hay que convertir un ambiente normal en algo horrendo para que vaya bien con la secuencia, con el personaje. El decorador de cine tiene que enamorarse a veces de una cosa de mal gusto, de una falta de armonía entre dos muebles. Eso es lo apasionante del decorador cinematográfico, que en cierto momento tiene que gustarle una cosa horrorosa". El buen director artístico se diferencía del buen arquitecto por su capacidad de repetir la realidad de una forma tal, que puede tener la obligación de hacer algo que va contra su gusto estético.

Espacios reales

Pero como antes se dijo también se puede rodar en exteriores, en la propia realidad transformándola. Algo que han hecho muchos directores artísticos y que algunos críticos han atribuido a directores como Vicente Minelli: "Los escenarios elegidos por Minelli pueden ser reales, o reproducciones de lugares reales, pero están tan cuidadosamente seleccionados que se convierten en subjetivos, y adquieren a veces gran importancia simbólica".

La elección del lugar ya supone una selección de espacios que luego son modificados por el objetivo de la cámara y su posición.

El uso de emulsiones más sensibles para las películas hizo, entre otras razones, que se empezase a rodar en exteriores, y si se rodaba en la calle, ¿por qué no elegir buenos edificios para servir de escenarios?.

Quizás por eso, Man Ray filmó *Les mystéres du Château du dé* (1929) en la casa que Mallet Stevens le construyó a los Noaille, o directores como René Clair situaban la acción de *París dormido* (Paris qui dort, 1923) en lo alto de la Torre Eiffel. Las edificaciones de altura siempre han fascinado a los cineastas, *King Kong* es abatido en 1933 desde la cúspide del edifico más alto del mundo en su tiempo, del Empire State Building y en 1976 cae de las Torres Gemelas, que en aquel momento ya habían superado al Empire en altura. La parte más alta de otro rascacielos, el Chrisler, es elegido por una gigantesca serpiente emplumada azteca para construir su nido en *La serpiente voladora (The winged serpent*, Larry Cohen, 1982), confundiéndose la arquitectura art-deco con la fisonomía del monstruo. El edifcio Chrisler ha sido además elegido por Woody Allen en varios de sus películas como símbolo de Nueva York y como uno de los edificios más destacados de la ciudad, en el recorrido que les hace su alter-ego, el arquitecto David Tolchin, a dos chicas en *Hannah y sus hermanas (Hanna and Her Sisters*, 1986).

Volviendo a París, Orson Welles rodó *El proceso (Le procés*, 1962) en la Gare du Orsay, y Bernardo Bertolucci hizo que Marlon Brando y María Schneider se encontrasen en el edificio de la Rue Vavin de Henri Sauvage -mostrando una vivienda como pocas veces se ha hecho en el cine- en *El último tango en París (Ultimo tango a Parigi*, 1972). La misma María Schneider deambuló con Jack Nicholson por los edificios de Gaud' en *El reportero (The passenger*, Michelangelo Antonioni, 1974), un Antonioni que había comenzado y finalizado su *Blow-Up* (1966) con unos mimos alrededor de la sede londinense del Economist, obra de Alison y Peter Smithson. Dirk Bogarde había fijado su residencia en el Karl Marx Hoff vienés en *Portero de noche (Il portiere di notte*, Liliana Cavani, 1975). Más recientemente Eric Rohmer en *Las noches de la luna llena (Les nuits de la pleine lune*, 1984) y Terry Gilliam en *Brazil* (1984) obligaron a que sus personajes viviesen -malviviesen en el segundo caso- entre los edificios que proyectó Ricardo Bofill en Marne-la-Vallée. Wim Wenders situó el cuartel general de los ángeles berlineses en |a Biblioteca Estatal de Hans Sharoum en *El cielo sobre Berlín (Der himmel Ÿber Berlin*, 1987) y en España, Carlos Saura usaba edificios de Carvajal en *La madriguera* (1969).

Los edificios de Frank Lloyd Wright también se han usado directamente para el rodaje de algunas películas. En *Hannah y sus hermanas (Hanna and Her Sisters*, 1986) una de las protagonistas pensaba "No comprendo cómo se me ocurrió decir esa tontería sobre el museo Guggenheim. Ese chistecito imbécil de que hay que ponerse patines para verlo". Un edificio en el que se celebraba un cóctel en *Vida y amores de una diablesa* (*She's devil*, Susan Seidelman, 1989) y que Ridley Scott usó en *La sombra del testigo* (*Someone to watch over me*, 1987) para otra escena en la que también había otro cóctel. Por lo que es posible que algunos espectadores desinformados empiecen a creer que el edificio no es un museo sino un lugar para dar fiestas. Ridley Scott además situó la vivienda del gángster japonés de *Black rain* (1989) en la casa Yamamura, y la del protagonista en *Blade runner* (1982) en la casa Ennis, usada también en *Hembra* (*Female*), la historia de una ejecutiva precursora de los yuppies dirigida en 1933 por Michael Curtiz. Este es un caso curioso, en el que un mismo decorado sirve tanto para reflejar un presente optimista y avanzado en los años treinta, como un futuro apocalíptico en los años ochenta.

Los edificios de las nuevas estrellas de la arquitectura también se han utilizado en el cine, como en *Ocho millones de maneras de morir* (*8 millions ways to die*, Hal Ashby, 1986) donde Jeff Bridges parlamentaba con Andy García delante del Museo Aeroespacial de Frank Gehry o en *Blanco humano* (*Hard target*, John Woo, 1993) en la que la ruina del posmodernismo ha llegado al extremo que la Piazza d'Italia que construyó Charles Moore en 1978, es usada como morada de indigentes.

En esta apresurada relación no se debe olvidar que la sede de la C.I.A. en la satírica *España como puedas* (Rick Friedberg, 1996) es el edificio x logrando que una edificación inspirada en el cine, vuelva a ser utilizada por este medio gracias a su estilo jocoso, logrando darle otra intención completamente diferente.

El edificio real es mucho más reconocible por el público y por lo tanto es más fácil que tenga un papel protagonista y unas connotaciones de las que carecería si fuese un edificio reconstruido.

Construcción escenográfica. Construcción arquitectónica
La forma de construir la escenografía, su lógica constructiva, la diferencia radicalmente de la arquitectura. Esta diferencia no podía dejar de estar recogida en manuales de escenografía como el de Vincenzo del Prato: "La construcción escenográfica es por su naturaleza transitoria y por ello sus estructuras portantes son diferentes a las de la arquitectura. Generalmente está realizada de

modo provisional, con puentes de hierro oportunamente ocultos en la estructura arquitectónica y haciendo uso de materiales de rápida aplicación de modo que todo cuanto es necesario para la construcción de la escena pueda estar puesto en la obra en un tiempo más reducido que en la construcción arquitectónica" .

En este texto se cita otra de las diferencias fundamentales entre arquitectura y escenografía: la perdurabilidad de lo construido.

Esto no significa que un objeto por su duración, y por tanto por el método empleado para su construcción, pueda ser clasificado como arquitectura o como escenografía. Hay numerosos casos en la historia de la arquitectura en que un edificio construido sólo por un tiempo determinado ha influido tanto como otros que han perdurado a través de los siglos. Un ejemplo podría ser el Teatro Científico construido por Aldo Rossi para la Bienal de Venecia en 1980.

Sin embargo, en el aspecto de la perdurabilidad las dos disciplinas se distinguen claramente. Albert Speer, el arquitecto de Hitler, levantaba con escayola a escala real parte de los edificios que luego construiría. En este caso es fácil distinguir entre la arquitectura y la escenografía.

En el texto antes citado Vincenzo del Prato continúa diferenciando la arquitectura que "construye para permanecer en el tiempo y por la necesidad del hombre de modo que pueda moverse físicamente en ella, girar alrededor, entrar, salir, descender, apreciar los volúmenes, en suma vivirla" de la escenografía cinematográfica que "construye obras que deben durar sólo para el tiempo necesario de ser utilizada por un medio mecánico como la cámara que, accionada de cierto modo, le pueda registrar para restituir al ojo humano su propia imagen, para después ser demolida".

Construir un edificio, rodar una película

Antes de pasar al segundo punto de vista -la arquitectura y el cine- hay una relación intermedia entre las dos disciplinas: la estructural. Aquella que establece paralelismos en la forma en que se realizan el cine y la arquitectura.

Es muy significativo que algunos directores hayan comparado su trabajo con el de un arquitecto. Cuando a John Ford le preguntaban si improvisaba en el plató, afirmaba que lo hacía pocas veces porque traía ya preparados los movimientos de cámara y comparaba esta preparación con el proyecto arquitectónico: "¿Qué pensaría usted de un arquitecto que llegase a su edificio y no supiese dónde poner la escalera? Un filme no se "compone" en el decorado; se aplica al filme una composición predeterminada". Ford continuaba con la comparación entre la creación de una película y un edificio: "Es erróneo comparar a un director con un autor. Se parece más a un arquitecto, si es creador. Un arquitecto concibe sus planos a partir de ciertas premisas dadas: la finalidad del edificio, su tamaño, el terreno. Si es inteligente, puede realizar algo creador dentro de esas limitaciones". Y finalizaba justificándose por no lograr una obra maestra en cada una de sus películas: "Los arquitectos no sólo crean monumentos y palacios. También construyen casas. ¿Cuántas casas hay en París por cada monumento? Lo mismo pasa con las películas. Cuando un director crea una pequeña joya de vez en cuando, un Arco del Triunfo, tiene el derecho de hacer películas más o menos corrientes".

Si Ford consideraba que existen analogías en el planteamiento de los trabajos, Borowczyk las encontraba en la fase final de las películas, en el montaje, donde "hay también muchas posibilidades de reforzar la idea inicial, mediante la dosificación de algunos movimientos, por las proporciones, por el ritmo... Siempre se puede invertir o cambiar algo. Son infinitas las posibilidades de jugar todavía con los elementos prefabricados: es un juego de composición" y terminaba diciendo: "En la construcción de una casa prefabricada, tiene que ser apasionante para el arquitecto jugar con toda una serie de materiales ya hechos".

El montaje cinematográfico y el proyecto arquitectónico también han sido analizados y comparados en un interesante artículo por Antonio Vélez Catraín: "Sin película el guión es literatura, sin edificación el proyecto es sólamente dibujo".

Las similitudes entre la arquitectura y el cine se producen también en la forma de trabajo de los arquitectos y los cineastas, que en ambos casos necesita la colaboración de un numeroso equipo de profesionales para poder llevar a la práctica el edificio o la película.

Luis Buñuel escribió que una película "como una catedral, debe permanecer anónima, porque gente de todas clases, artistas en muchos campos diferentes, han trabajado duro para erigir esta estructura maciza, todas las industrias, toda clase de técnicos, masas de extras, diseñadores de decorados y vestuario".

La gente que rodea a cineastas y arquitectos impone reglas y puede frustrar los proyectos iniciales. Peter Greenaway declaraba: "Me parece también que hay una clara analogía entre el proceso de fabricación de una película y el de un edificio... como los realizadores, los arquitectos conciben grandes proyectos que ponen en juego importantes presupuestos y que acaban por no realizarse nunca. Además, en torno a las dos profesiones se encuentra la misma muestra heterogénea de personajes: productores, financieros, organizadores, críticos, público, etc. Después de haber empleado tiempo, dinero, e imaginación, tanto el arquitecto como el realizador, pueden, a fin de cuentas, ver cómo se echa a perder su proyecto".

Arquitectura y cine

La primera relación, y la más obvia, entre arquitectura y cine es la que existe con los edificios realizados para el cine, que pueden pertenecer a diversas tipologías, pero que fundamentalmente pueden dividirse de nuevo según donde esté situada la realidad, delante o detrás de la cámara, enfrente o tras de la pantalla.

En el caso que la realidad esté detrás, el edificio servirá para crear la ficción, es decir será un estudio cinematográfico, cuando la realidad está delante el edificio sirve para mostrar el espectáculo.

Empezando por los estudios, su tipología no ha sido suficientemente analizada, porque se ha supuesto que son simplemente unos grandes contenedores, una especie de naves industriales dentro de las cuales sólo se ruedan películas. Sin embargo, hay ejemplos de edificios interesantes como los estudios E.C.E.S.A. de Aranjuez diseñados por Casto Fernández Shaw o los que proyectó Terragni en 1934.

La otra tipología, la de los edificios dedicados al espectáculo, ha sido estudiada en muchas ocasiones y desde mucho puntos de vista, por lo que no tiene sentido abundar en el tema.

Por último, aún hay otra relación más profunda entre arquitectura y cine, aquella que sólo pueden enseñar los directores a los arquitectos: cómo mostrar el espacio. Como decía Paul Chemetov:

"el cine culturalmente hablando aporta a la arquitectura una nueva mirada, porque la arquitectura también se nutre de miradas y se renueva por la mirada, el conocimiento y la apreciación visual de las cosas".

El método parece sencillo. El medio más eficaz es mediante el movimiento, el cine es el único arte de representación móvil, por ello es mucho más idóneo para representar la arquitectura que, por ejemplo, la pintura o la escultura. El único problema es que el movimiento dentro de ese espacio no se realiza libremente sino guiados por los designios de un director. Los arquitectos pueden aprender a usar mirar y, por lo tanto, a crear contenedores de espacio, gracias a la mirada experimentada de los cineastas.

Cesare Brandi caracterizaba a la arquitectura precisamente por el movimiento: "en la arquitectura no sólo debemos entrar y salir, sino que tal exigencia llegará a ser tan imperiosa que lleva a no reconocer la dignidad de arquitectura a un simple aspecto o a un bloque macizo: polos extremos de una arquitectura sin espacio interno. Así la escenografía no es arquitectura y el obelisco y la pirámide oscilan entre la arquitectura y la escultura".

Brandi se refiere a la escenografía teatral que el espectador percibe de forma estática sin poder recorrerla al carecer el espectador de movimiento dentro del escenario.

En el caso del cine no se puede emplear esta diferencia entre la arquitectura y la escenografía por la posibilidad de movimiento que existe en la primera, frente a la estaticidad de la segunda, ya que ésta sí puede recorrerse y, de hecho, la cámara se mueve mostrando diversos ángulos de visión del decorado.

La única diferencia con la arquitectura, respecto al movimiento, es que el espectador en el cine no recorre los espacios libremente, sino guiados por los deseos del director de la película.

Otra de las relaciones entre cine y arquitectura queda así caracterizada por la relación entre los espacios arquitectónico y escenográfico a través del movimiento.

Nota
1. Este texto forma parte del libro de Gorostiza, "Cine y Arquitectura", Alicante: Biblioteca Virtual Miguel de Cervantes, 2002.
2. Filmografía: Relación de películas elaborada por Jorge Gorostiza en las que un actor protagoniza a un arquitecto, del libro de Jorge Gorostiza, "La imagen supuesta. Arquitectos en el cine", Barcelona: Fundación Caja Arquitectos, 1997.

Bibliografía
Gorostiza, "Cine y Arquitectura", Alicante: Biblioteca Virtual Miguel de Cervantes, 2002.
_____, "La imagen supuesta. Arquitectos en el cine", Barcelona: Fundación Caja Arquitectos, 1997.

80

Arquitectura y literatura, encuentros y correspondencias

MARÍA ELENA HERNÁNDEZ ÁLVAREZ

Como sucede con la palabra literaria, por medio de la imaginación, los arquitectos diseñamos, prefiguramos y habitamos otros espacios, y, en este proceso, también nos vamos construyendo a nosotros mismos como personas. Mediante la literatura, de la arquitectura y de otros lenguajes artísticos no verbales, es posible abandonar nuestra realidad, pero llevándonos nuestra individualidad, nuestra memoria, nuestro muy particular modo de comprender el mundo. Con este bagaje arribamos a otro contexto, a otros tiempos y espacios, a otras historias y, sin prejuicio alguno, nos despojamos libremente de nuestros ropajes, nos enfundamos el traje de otros y habitamos otras realidades: la del héroe o la del villano, la del hombre o de la mujer, la del abuelo o la del niño, de este o de otros tiempos también. Una vez que hemos vivido imaginariamente esos espacios y que hemos sido "otros", el lenguaje poético de las artes, como lo son la literatura, la arquitectura, la poesía, la música u otras, nos permite regresar más enriquecidos a nuestra realidad originaria.

El arte de la literatura, y el de la arquitectura entre las artes, implica discursos análogos que se construyen mediante un particular proceso en el que existen diversas concordancias y que al final dan como resultado un poema, una narración, un cuento o el proyecto de un espacio habitable. En la arquitectura, como en la narración o en la poética literaria, los objetos, la relación del adentro con el afuera y viceversa, las imágenes visuales, olfativas, táctiles o auditivas se animan en los espacios, reales o imaginarios, y forman parte esencial de las personas. Así, cuando recorremos un espacio arquitectónico, un cuento o un poema, realizamos en él un singular paseo, real o imaginario, por una serie de eventos los cuales no podrían verdaderamente ser sin el tiempo, ni tampoco sin los espacios; en otras palabras, tanto en la arquitectura como en la literatura, lectores o habitadores nos apropiamos de esos espacios y tiempos, los habitamos, les pertenecemos y también ellos a nosotros.

Por todo esto, afirmamos que cada proyecto arquitectónico edificado, aún no edificado o incluso que ya no existe en la realidad tangible, podría narrarse como un cuento o como un poema, y es así como constituyen textos cerrados en sí mismos, y precisos en su construcción, es decir, continentes a los que nada les falta, nada sobra.

Para ampliar esta idea de comprensión de los espacios que habitamos los seres humanos, o más bien, digámoslo así, de aquellos que nos habitan a nosotros, es decir, que nos otorgan pertenencia, identidad, cobijo, que nos son entrañables y que, en palabras de Gastón Bachelard, nos permiten afirmar "Yo soy el espacio en donde estoy", son particularmente reveladores los correlatos en la literatura. Veamos algunos ejemplos de la cuentística.

En el cuento "La luz es como el agua", de Gabriel García Márquez, los elementos mágicos de que está plagada la realidad nos trasladan al Paseo de la Castellana, donde gozamos con Totó y Joel "abriendo la llave", para que el espacio se pueble de luz y podamos navegar libremente en él, al lado de ellos, mostrándonos lo que es posible construir imaginariamente en pleno contexto de la cultura urbana madrileña.

En "Casa tomada", Julio Cortázar nos hace habitar y padecer los espacios junto con los protagonistas. Nuestro corazón sangra con el de Irene y el de su hermano ante la patética realidad urbana que viven actualmente muchas familias despojadas en sus propias casas. Más aún, durante la lectura de este cuento es fácil trazar imaginariamente los planos arquitectónicos de esta vieja casona en el corazón de Buenos Aires.

Los largos y sutiles párrafos en el cuento "Los baños de Celeste", de Alejandro Aura, [1] nos sumergen en los espacios húmedos, provocativos y evanescentes de una intimidad que se percibe exclusivamente por el ojo de la cerradura de una puerta:

"...imagen bordada en los bastidores de la magia y a través de los cuales yo habría de encontrar el sentido de la libertad. ...Yo habría de estar a solas finalmente, hundido en mansedumbre, almiatado; porque así como tú no podías escapar de tu destino yo no podía escaparme de mí mismo, desvanecerme en el aire de la recámara aquel día que dejaste la puerta entreabierta, y todo, la manija de la chapa, las paredes, el espejo, estaba lleno de tu perfume".

El sentido de pertenencia y de identidad que nos brindaron algunos espacios en nuestra infancia, que atesoramos en los recuerdos y anhelamos reencontrar siempre en cada sitio que habitamos, parece hoy día no ocupar mucho la consideración de algunos arquitectos. A propósito de esto, en "El árbol perdido", de Francisco Segovia, leemos lo siguiente:

"Se precipitó por la entrada lateral, rodeó la casa y de pronto se detuvo. Lo que tenía enfrente era un jardín japonés. 'Ha costado mucho trabajo y mucho dinero hacerlo pronto'. No quiso saber de quién era la voz. Recorrió el lugar en todas direcciones. El árbol ya no existía. Creyó desfallecer y se fue casi huyendo".

Quien lea este cuento vivirá el doloroso estremecimiento de una persona que busca reencontrar inamovibles los espacios de la infancia, y no sólo no los encuentra, sino que se da cuenta de que a nadie más que a él le han importado. Y, sin embargo, más adelante, en el mismo cuento, nos dice el autor que es posible recuperar en la vida, de otro modo, aquello que pensábamos perdido: "Allí estaba el árbol, y era suyo. El único. No se habían secado del todo ni viejas añoranzas ni tristezas. La compañía paterna, el huerto antiguo y también Cecilia". Y es que los espacios de la infancia, como nos dice Gastón Bachelard, [2] nos acompañan dentro de nosotros mismos para siempre, anhelando reinstaurarse en una nueva realidad.

En otros cuentos se nos hablan del sosiego y de la confianza que otorgan algunos de nuestros lugares amados, un ejemplo es "La plaza", de Juan García Ponce, [3] quien finaliza el cuento diciendo:

"...los pájaros empezaron a cantar invisibles entre las ramas de los laureles, y luego las campanas dejaron escapar su seco y prolongado sonido sobre el canto como si no viniera de las torres de la iglesia, sino de mucho más atrás, de un espacio distinto que se precipitó sobre C igual que una vasta ola, dulce, silenciosa y

|María Elena Hernández Álvarez

cada vez más grande, que se extendiera sin límites, oscura y envolvente como una noche hecha de luz en vez de sombras que lo cubriera todo con su callado manto. Por primera vez en mucho tiempo, como no lo había sentido en compañía de nadie ante ningún acontecimiento, C sintió una muda y permanente felicidad, y la plaza, a la que supo regresaría ahora definitivamente todas las tardes, se quedó otra vez en su interior, encerrando todo en un tiempo que está más allá del tiempo y le devolvía a C durante un instante fugaz pero imperecedero toda su substancia.

Y qué decir de la narración "Arquitectura hechizada", de Vicente Quirarte, [4] en la que se reconstruyen, de manera quizá más realista, los espacios arquitectónicos e hitos urbanos que brindan identidad y pertenencia a los "centrícolas":

"Vivir en el Centro no sólo era vivir en el corazón de la ciudad, sino latir en el centro del mundo. Enterarse, antes que nadie, de lo nuevo. Sus mitologías se forjaban en consonancia con las vivencias. ...Centrícola es eminentemente la Gente de la Ciudad. ...San Juan de Letrán huele a tacos de canasta y de carnitas, a tortas compuestas, tepache, jugo de caña, aguas frescas, lámparas de kerosén, perfume barato, líquido para encendedores, dulces garapiñados, papel periódico de revista, de librito de versos de Antonio Plaza y novelita pornográfica. ...Si la arquitectura es la piel de la ciudad y los habitantes que pueblan y recorren sus arterias constituyen su sangre, las diversas lecturas de la capital equivalen en su conjunto a un gran tratado de anatomía urbana, a un inventario donde no pueden ser ignorados los fantasmas que justifican al presente".

En este texto de Quirarte se cita también la demanda de Juan Villoro por "una nueva forma de arquitectura espiritual del barrio, no a través de la reconstrucción cartográfica, sino mediante la traducción de las ensoñaciones que la urbe provoca en sus habitantes", exigencia a la que algunos arquitectos estamos intentando dar respuesta.

Muchos otros ejemplos encontramos en Borges, escritor argentino quien -quizá más que otros autores- nos abre a los arquitectos un amplio panorama de posibles lecturas del espacio habitable. En efecto, con la aportación de varios de sus temas y recursos literarios, tales como el laberinto, el espejo, el "adentro y afuera", lo marginal, los largos, pausados y también trepidantes recorridos en el tiempo y en el espacio, Borges nos atrapa en sus cuentos. "El Aleph" [5], por ejemplo, es un sorprendente infinito localizado en el sótano de la casa de Beatriz Viterbo; es todo un universo que cabe en un "rincón", en términos "bachelardianos", espacio que nos revela el germen de una existencia, de una casa, de la conciencia de la mortalidad y de la eternidad, esa inmensidad "íntima" que habita en cada alma humana.

Y en cuanto a la poética, hay mucho que decir. Cuando afirmamos que "una imagen dice mil palabras" es cierto, sin embargo, una palabra, puesta en un poema, evoca un sin fin de imágenes vivas; así, la poesía sugiere un infinito continente de imágenes poéticas de los espacios habitados amados, padecidos o anhelados, y esto cobra singular importancia para el arquitecto ya que lo acercan al espacio real de una manera como ninguna otra forma representativa lo puede hacer. A continuación algunos ejemplos.

En un fragmento del bello poema "Mañana errabunda", el jalisciense Francisco González León dice [6]:

...Sin el convento que en el río se copia,
sin el halcón que silencioso acecha
posado en la alta cruz de la Parroquia
Sin todas esas cosas;
sin toda esa quietud injuta en rosas:
sin toda esa poesía;
faltará al pueblo su fisonomía.

En otro caso, Pablo Neruda en "A la Sebastiana" (De plenos poderes, 1962) evoca un millón de imágenes sobre el proceso constructivo de una de las casas que él mismo edificó. El poema comienza así [7]:

Yo construí la casa
la hice primero de aire
luego subí en el aire la bandera
y la dejé colgada del firmamento,
de la estrella, de la claridad y de la oscuridad.
Cemento, hierro, vidrio
eran la fábula,
valían más que el trigo y como el oro,

| María Elena Hernández Álvarez

(...)
Ya no pensemos más: ésta es la casa:
Ya todo lo que falta será azul,
lo que necesita es florecer;
y eso es trabajo de la primavera.

Como vemos, definitivamente existe una correspondencia esencial entre la arquitectura y la poesía. Martin Heidegger, en su libro *Arte y poesía*, [8] afirma que "todo arte es en esencia poesía, poesía es la desocultación de la verdad, la verdad es la esencia del ente en sí y sólo poéticamente es como el hombre habita la Tierra". Parafraseando el texto, nos atrevemos a decir que la arquitectura es poesía edificada en palabras de habitabilidad, la cual desoculta cierta verdad que, por medio de una voluntad humana, inaugura un lugar.

Sobre esta misma idea, Octavio Paz, en su libro *El arco y la lira*, [9] nos dice que "las diferencias entre el idioma hablado o escrito y los otros -plásticos, musicales o arquitectónicos- son muy profundas, pero no tanto que nos hagan olvidar que todos son, esencialmente, lenguajes: sistemas expresivos dotados de poder significativo y comunicativo. Es más fácil traducir los poemas aztecas a sus equivalentes arquitectónicos y escultóricos que a la lengua española. ...el lenguaje de 'Primero sueño' de Sor Juana Inés de la Cruz no es muy distinto al del Sagrario Metropolitano de la Ciudad de México. Así, las palabras del poeta son las voces vivas, o lo serán, de su comunidad".

*****

Hoy día, inmersos en un mundo que, como nos dice Guy Debord, [10] consumimos principalmente con el sentido de la vista y que nos aleja de "el ser" para encarcelarnos en "el parecer", bien podríamos buscar reinstaurar otras pautas para el diseño arquitectónico y a la vez confirmar lo que de vocación y oficio nos demanda la poesía..., pero, ¿de vocación u oficio? De nuevo acudamos a Octavio Paz: en *El arco y la lira* nos señala que "los poemas no son [afortunadamente] productos susceptibles de intercambio mercantil; [ya que] el esfuerzo que se gasta en su creación no puede reducirse al valor actual del trabajo. De ahí que el oficio de poeta -arquitecto, escultor o músico- demande nuestra entrega al oficio de poetas" [11].

Las ideas expuestas aquí forman parte de un proyecto de investigación educativa transdisciplinar que se titula "Arquitectura y literatura, encuentros y correspondencias". Parte de este trabajo se presenta publicado en compilaciones empíricas en el sitio www.architecthum.edu.mx. [12] El trabajo comenzó en 1998 y se elabora en el marco de la libertad de cátedra y de la gratuidad académica. El proyecto "Arquitectura y literatura, encuentros y correspondencias" intenta ser un espacio académico de consulta y apoyo para quienes buscan reinstaurar una esencial razón de ser arquitectos, esto es: habitar poéticamente la Tierra, en primera persona del plural.

Notas
1. Aura, Alejandro, "Los baños de Celeste", Cuentos mexicanos inolvidables, Antología, selección y notas de Edmundo Valadés. México: Asociación nacional de libreros, 1993, 1ª edición, pp. 11-116.
2. Bachelard, Gastón, "La poética del espacio", México: Fondo de Cultura Económica, México, 1a. edición en francés 1957, 2a. edición 1975.
3. García Ponce, J., "La plaza", El gato y otros cuentos, México: FCE/ SEP, 1984, pp.25-28.
4. Quirarte Vicente, "Arquitectura hechizada", en "La ciudad como cuerpo", México: Instituto de Seguridad y Servicios Sociales de los Trabajadores del Estado, 1999, [107 pp.).
5. Borges J. L., "El libro de Arena", Obras completas de Jorge Luis Borges, Buenos Aires: Emecé, 1975, pp. 169-176
6. González León Fco., "Poesias: Megalomanias, Maquetas, Campanas de la tarde, Jalisco: Ediciones del Banco Industrial de Jalisco, 1965, (96 pp.)
7. Neruda, Pablo, "Antología general", España: Real Academia Española, 2010, (714 pp.).
8. Heidegger, Martin, "Arte y Poesía", México: Fondo de Cultura Económica, 1958, (120 pp.).
9. Paz, Octavio, "El arco y la lira", México: Fondo de Cultura Económica, 1956, (287 pp.).
10. Debord, Guy, "La Sociedad del Espectáculo", México: Pre-Textos, 2005, (184 pp.).
11. Paz, *op. cit.*
12. Recuperado de www.architecthum.edu.mx

Bibliografía

Aura, Alejandro, "Los baños de Celeste", Cuentos mexicanos inolvidables, Antología, selección y notas de Edmundo Valadés. México: Asociación nacional de libreros, 1993.

Bachelard, Gastón, "La poética del espacio", México: Fondo de Cultura Económica, México, 1a. edición en francés 1957, 2a.edición 1975.

Borges J. L., "El libro de Arena", Obras completas de Jorge Luis Borges, Buenos Aires: Emecé, 1975.

Debord, Guy, "La Sociedad del Espectáculo", México: Pre-Textos, 2005.

García Ponce, J., "La plaza", El gato y otros cuentos, México: FCE/SEP, 1984.

González León Fco., "Poesias: Megalomanias, Maquetas, Campanas de la tarde, Jalisco: Ediciones del Banco Industrial de Jalisco, 1965.

Heidegger, Martin, "Arte y Poesía", México: Fondo de Cultura Económica, 1958.

Neruda, Pablo, "Antología general", España: Real Academia Española, 2010.

Paz, Octavio, "El arco y la lira", México: Fondo de Cultura Económica, 1956.

Quirarte Vicente, "La ciudad como cuerpo", México: Instituto de Seguridad y Servicios Sociales de los Trabajadores del Estado, 1999. Recuperado de www.architecthum.edu.mx

90

La magia de un Templo urbano:
Biblioteca Pública Virgilio Barco

JORGE ANÍBAL MANRIQUE PRIETO

a mi Padre

Se preguntará por qué ha tenido que caminar tanto desde que empezó a descender por la rampa que lo condujo al patio hundido hasta llegar al vestíbulo de este edificio. Ese recorrido de varios metros que usted acaba de hacer, corresponde al atrio de este edificio, bautizado "Biblioteca Pública Virgilio Barco".

Pero ¿qué significa atrio? Según el diccionario "Vocabulario arquitectónico ilustrado" este término significa "antesala o sala de entrada, que equivale a las grandes plazas o cuadrángulos limitados por los templos, en donde se llevan a cabo las ceremonias religiosas" [1]. Para fines de este ensayo se hablará entonces del atrio como antesala a la biblioteca, donde se lleva a cabo un ritual de acceso.

La historia de este edificio y lógicamente de su atrio se empezó a escribir hace más de doce años. Nuestro país, Colombia, pasaba por un periodo de recesión económica y por el fuerte sometimiento de la guerra librada entre el estado (representado por las fuerzas militares) y los grupos al margen de la ley (guerrillas y carteles del narcotráfico).

Bogotá como centro político, administrativo y económico del país reflejaba esa realidad; cerca de cien mil personas al año llegaban a vivir en ella y muchas de ellas lo hacían como víctimas del desplazamiento forzado motivado por el conflicto armado [2]. Este fenómeno produjo el aumento de las cifras de desocupación en adultos y de desescolarización en menores, cifras que para una capital de más de seis millones de habitantes siempre habían sido bastante altas.

Fue el pensamiento visionario del ex alcalde Antanas Mockus [3] el que ante semejante panorama permitió sembrar la semilla que más adelante desencadenaría una de las inversiones más grandes y nunca antes vistas del distrito capital en la educación de sus habitantes. En la administración de este personaje, que terminó antes de lo esperado, Bogotá con dinero prestado proyectó la reforma y la construcción de instituciones educativas y puso la mira en las dependencias encargadas de la cobertura y el acceso a la información académica y cultural de los bogotanos [4].

Sería en la administración de Enrique Peñalosa y gracias a los reveladores datos de una investigación encabezada por las doctoras Lina Espitaleta y Gloria Palomino, que se diagnosticaría el déficit del acceso a la información y el mal estado de algunas de las pocas bibliotecas que funcionaban en la ciudad. Ello motivó que el gobierno capitalino determinara como prioridad crear una red de bibliotecas públicas que cubriera la necesidad de información, ayudara a elevar la calidad de vida de la población e incentivara la construcción de identidad cultural en la ciudad. Ese proyecto se llamó Biblored. [5].

Como lo dijo el ex alcalde Enrique Peñalosa "Se dejaron de pavimentar algunas calles", pero a cambio se logró la construcción de tres "templos urbanos" generadores de cultura; las bibliotecas públicas: El Tunal, El Tintal y la Virgilio Barco. Cada una de ellas ubicada en el sitio más estratégico de distintas zonas de la ciudad con el objetivo de llegar a la mayor cantidad de personas que las necesitasen. Para el diseño de los tres proyectos se buscó, a criterio del alcalde y la administración de la ciudad, a los mejores arquitectos del país [6].

Bajo la visión inicial propuesta por el alcalde Peñalosa "La biblioteca como templo urbano", el arquitecto Rogelio Salmona, hombre creativo y comprometido con su oficio como motor de la cultura [7], aceptó el reto de diseñar el edificio que funcionaría en el futuro como la Biblioteca Pública Virgilio Barco. Biblioteca que potencialmente recibiría la mayor cantidad de visitantes [8] gracias a su ubicación privilegiada junto al parque metropolitano Simón Bolívar (el más importante de la ciudad), a su cercanía al centro histórico y a su accesibilidad por estar rodeada de algunas de las avenidas más importantes de la ciudad.

En el momento en que Rogelio Salmona asumió la responsabilidad de diseñar este proyecto poseía la madurez de más de cuarenta años dedicados al oficio del diseño de la arquitectura. Proyectos como las Torres del Parque, que sirven de fondo a la Plaza de toros la Santa María en Bogotá; el Archivo General de la Nación, que ayudó a regenerar parte del barrio Santafé en el centro de Bogotá; la renovación del eje ambiental en la avenida Jiménez o el hoy emblemático edificio del Fondo de Cultura Económica de México, en pleno Centro Histórico de la ciudad; son tan sólo algunos de los proyectos diseñados por este personaje que ha logrado convertirse en un maestro imprescindible de la arquitectura contemporánea en Colombia [9].

Salmona consideraba el hecho de hacer arquitectura en nuestro país como un acto político. Cada trazo representaba para él la oportunidad de plasmar sus ideas en relación a la sociedad; la arquitectura para todos, apartada de las clases sociales, razas o niveles intelectuales; una arquitectura hecha con los materiales del lugar, con formas seductoras, pero a la vez evocadoras del paisaje circundante [10].

Este maestro siempre mostró ser un hombre coherente [11]; sus palabras y diseños fueron el fiel reflejo de su claridad de pensamiento, de su gran fuerza de voluntad y de la gran energía en la acción de su trabajo [12]. Entre los arquitectos, su fuerza espiritual lo hacía destacar, aun cuando él no quisiera vivir en la exhibición en la que se camuflan muchos otros, para sentirse importantes o simplemente para llamar la atención [13].

Sobre todas las virtudes que poseía este líder de la arquitectura colombiana de los últimos tiempos, hay que destacar aquella que motiva que tanto usted como otros visitantes estén hoy en este lugar. Salmona también fue un hombre visionario [14]. Él además de diseñar un edificio que cumpliera con la necesidad de un espacio para albergar libros, proyectó una arquitectura que es capaz de generar emociones y sentimientos en cualquier persona que la quiera habitar; proyectó un templo perdurable para el conocimiento de los bogotanos.

La arquitectura de la Biblioteca Virgilio Barco estimula la sensibilidad en el visitante de disfrutar la buena lectura de un libro, de asistir a obras de teatro, exposiciones, conversatorios y demás actividades culturales, o de sencillamente apartarse del ruido de la ciudad para encontrar un momento íntimo con los cerros orientales de la sabana de Bogotá, que se pueden contemplar desde varios puntos de la cubierta transitable de este edificio.

El lenguaje de esta arquitectura propuesta por Salmona, nos habla de algo más; algo que es el resultado de aquella visión de la biblioteca como un "templo Urbano". Además de dar la posibilidad a muchas personas de consultar libros, esta biblioteca tiene la ardua labor de tejer identidad; entre todas y cada una de las personas que la visitan, entre los bogotanos y la naturaleza de sus cerros orientales, las tradiciones orales y, sobre todo, con la cultura de nuestro país; Colombia.

Desde el momento en que Rogelio Salmona asumió la responsabilidad de diseñar este edificio, el concepto de la biblioteca como un "templo urbano" que fomenta en los habitantes de la ciudad la búsqueda del conocimiento y la cultura, fue la directriz que forjó el carácter de cada uno de sus componentes espaciales; comenzando por su acceso monumental a un templo de la cultura y terminando en sus terrazas con volúmenes fugados hacia el cielo que evocan esa aspiración al conocimiento.[15]

Es clara la necesidad que suscitó la construcción del proyecto; el habitante habido del conocimiento intelectual, de conocer su cultura, de fortalecer sus valores y de soñar con nuevos horizontes; fue aquel que el arquitecto contempló como explorador de los espacios de este edificio [16].

Espacios que revelan también la reflexión profunda en la que se sumergió Salmona en busca de las formas espaciales y funcionales más apropiadas que le enseñaron su experiencia y las arquitecturas del pasado [17]; donde la luz manifiesta su naturaleza, el agua corre libremente y la naturaleza vegetal permite que el hombre materialice en ella, una huella, a través del hecho construido de este edificio.

El edificio funciona muy bien, como se mencionó líneas atrás más que una biblioteca es un centro cultural, ya que en ella se encuentran varios auditorios (cubiertos y al aire libre), salas de exposición, ludotecas, aulas teóricas, cafeterías y oficinas. Espacios que son usados por muchas instituciones públicas y privadas para el desarrollo de eventos que van desde talleres de manualidades hasta presentaciones teatrales de festivales internacionales[18].

El circular, transitar o deambular por el edificio es uno de los puntos del diseño arquitectónico en los que el arquitecto fijó con mayor detalle su atención. El esquema se puede simplificar así: Salmona generó volumetrías definidas para cada una de las funciones que alberga el edificio y esas volumetrías se articulan por un espacio intersticial que permite el movimiento entre ellas. La circulación por la biblioteca es libre, prácticamente se puede caminar desde el acceso hasta el último rincón de su cubierta transitable sin interferir en el funcionamiento de algunos de los espacios; pero disfrutando, eso sí, de acompañamientos que enriquecen la experiencia del recorrido [19].

Como se acaba de mencionar los componentes espaciales poseen formas propias, las relaciones entre ellos están definidas por la articulación de los espacios de circulación; desde el exterior la biblioteca también se observa cómo la unión de varios volúmenes que logran la unidad por la armonía en que están dispuestos. Todos en conjunto dan una noción de horizontalidad, de apego a la tierra; con la excepción de algunos acentos en ciertos puntos donde volúmenes más altos e inclinados parecen ser brazos abiertos hacia el cielo.

La jerarquía de los componentes espaciales es clara tanto en el interior como desde el exterior del edificio; el volumen semicircular que alberga las estanterías y las salas de lectura de la biblioteca es el de mayor jerarquía, seguido de los volúmenes de los auditorios y salas de exposición [20].

Es evidente también el uso, a otra escala, de componentes espaciales que el arquitecto ya había experimentado en otros edificios. Dependerá del criterio de cada quien decidir que este proyecto entonces no refiere a su contexto, o al contrario, señalar que se entiende éste como el resultado de exploraciones anteriores del autor, que han dado como resultado una riqueza espacial que motiva la apropiación de los ciudadanos sin apartarse del contexto que él mismo revalora [21].

La biblioteca está arraigada a su contexto, basta ver con que fuerza se agarra de la topografía del lugar enterrándose dentro de ella; cómo se orienta en dirección Norte-Sur para que la luz del sol no interfiera directamente en las salas de lectura o cómo la mayoría de los espacios están diséñanos para que se pueda tener una relación visual directa con los cerros orientales de la sabana de Bogotá, que desde la perspectiva de esta obra (enterrada) parecen vírgenes, sin la perturbación de una ciudad que ha quedado escondida tras los taludes de tierra que rodean el edificio.

La sabana de Bogotá le ha regalado a este edificio los materiales constructivos tradicionales; el ladrillo, el concreto y la madera son en esencia los que permiten que esta bella obra se materialice. Todos ellos con su expresividad natural son sinónimo de la voluntad artística de la cultura bogotana, que despliega la creatividad de este tiempo con las tecnologías milenarias [22].

Los muros dobles o triples que le dan peso a la composición, o las ventanas circulares trabajando a compresión manifiestan la verdad sobre el ladrillo. Los puentes, rampas, columnas y vigas de grandes dimensiones dan testimonio de la plasticidad del concreto. La elegancia y la calidez de las salas de lectura, salas de exposición, auditorios y oficinas, no son más que el aporte de la nobleza de la madera [23].

Todos y cada uno de los espacios de este edificio fueron pensados como lugares: el atrio de acceso como una antesala ceremonial, las ventanas cuadradas y profundas como nichos para contemplar el exterior, los espacios intersticiales para caminar o detenerse a platicar, los antepechos de la cubierta como sillas para descansar o las cubiertas como plataformas para encontrarse con uno mismo o con la belleza natural que rodea la ciudad. Pero ¿por qué llamarlos lugares?

El filósofo Martin Heidegger en su ensayo "Construir, Habitar, Pensar" plantea que los lugares son aquellos espacios que permiten el habitar de los seres humanos. El habitar él lo relaciona con el construir en su sentido de cuidar; a éste le adiciona el concepto de la Cuaternidad, que él emplea para expresar la relación entre el cielo, la tierra, los mortales y la divinidad. Así, el habitar para este pensador es cuidar la Cuaternidad:

"El lugar avía la Cuaternidad en un doble sentido. El lugar admite a la Cuaternidad e instala a la Cuaternidad. Ambos, es decir, aviar como admitir y aviar como instalar se pertenecen el uno al otro. Como tal doble aviar, el lugar es un cobijo de la Cuaternidad o, como dice la misma palabra, un Huis, una casa. Las cosas del tipo de estos lugares dan casa a la residencia del hombre" [24].

Los lugares para Heidegger son fronteras, no como limites sino como espacios intermedios, entre el ser humano (los mortales) y la Cuaternidad. Esos lugares están construidos con materiales, a los que el pensador les asigna el nombre de *cosas*. Las *cosas* se diferencian de los *objetos* en que les respetamos su esencia, sus cualidades como ente; algo que Rogelio Salmona, por lo que se ha comentado en este ensayo y la evidencia de su obra, tuvo siempre presente, al dejar que la materialidad de sus edificios se expresará en su esencia propia.

Pero desde la biblioteca ¿cómo se instaura ese cuidar de la Cuaternidad? Dice el filósofo "los mortales habitan en la medida en que salvan la tierra (…) Salvar significa propiamente: franquearle a algo la entrada a su propia esencia." [25] La biblioteca pone al habitante en contacto con la tierra cuando en su acceso éste desciende por una rampa que lo conduce a un patio hundido, lugar que lo acoge dentro de la madre tierra; o cuando unos pasos más adelante escucha el sonido del agua cayendo por el estanque escalonado que antecede el vestíbulo del edificio.

Se está junto a la tierra cuando el edificio deja que la vegetación lo invada, lo aferre al terreno donde se ha incrustado con la intensión de no desprenderse nunca más. También el habitante entra en contacto con los cerros orientales de la sabana de Bogotá por medio de una serie de trucos que esconden la ciudad y permiten que estos, el patrimonio natural de los bogotanos, se vean en su esencia, como si fueran vírgenes, como si no estuvieran en peligro de ser sepultados por la depredadora urbe.

"Los mortales habitan en la medida en que reciben el cielo como cielo" [26]. La arquitectura de la Virgilio permite esa relación también a través de esos patios de acceso, cuando los muros perimetrales elevan la mirada del observador para que disfrute de la grandeza del cielo. Salmona retomando las palabras de una amiga suya, decía que "El patio es un tímpano del lugar, -un aljibe del cielo como diría María Zambrano-". [27] Los volúmenes mismos de la biblioteca abiertos al cielo, revelan su aspiración de alcanzarlo.

En el interior el arquitecto deja ventanas que dirigen la mirada a las alturas, que permiten ver el movimiento de las nubes o que sencillamente dejan entrar los rayos del sol. En las cubiertas parece que se estuviera tan sólo a un paso de estar en el cielo; las plataformas inclinadas que corresponden a los tragaluces de los auditorios y la sala principal de la biblioteca parecen trampolines para ascender a las alturas; formas de color naranja que contrastan con el azul intenso del cielo bogotano, en los momentos en que el tiempo o, por qué no decirlo, la divinidad lo permite.

"Los mortales habitan en la medida en que conducen su esencia propia -ser capaces de la muerte como muerte-" [28], esto no es más que la posibilidad de que los habitantes puedan vivir plenamente; que vivan y habiten siendo ellos en su libertad para que puedan tener una buena muerte.

Toda la biblioteca es un lugar para los mortales; en los patios, salas de lectura, auditorios, salas de exposiciones o en la cafetería tienen la posibilidad de encontrarse con otros mortales, de relacionarse. Sin embargo, también, si así lo quieren, se pueden encontrar consigo mismo en lo que Bachelard llamó rincones [29] y Salmona convirtió en parte del lenguaje de su arquitectura.

Los rincones están en las ventanas profundas de las salas de lectura, en los antepechos que se ensanchan en las cubiertas y algunas circulaciones, para permitir algunas estancias largas o cortas, pero en definitiva íntimas. También hay rincones en la cubierta transitable, entre los volúmenes que desde una vista lejana aparecen como remate del edificio.

El edificio permite que quien lo habite en búsqueda de un espacio para leer lo pueda hacer plácidamente; que quien tan sólo quiera usarlo como marco para observar el paisaje y la naturaleza circundantes también lo pueda hacer; que los niños tengan su espacio propio, a su escala; o que los discapacitados puedan recorrer sin obstáculos todas la estancias de esta bella obra.

La biblioteca fomenta la libertad en el habitante; inclusive la libertad del cuerpo, de los sentidos. Salmona desde el diseño busca la potencialidad que la arquitectura tiene de agudizar la experiencia de los sentidos; de esta manera, los patios además de la estimulación de la vista estimulan el olfato con jardines de plantas aromáticas, y estimulan el oído con silencios profundos o con el refrescante sonido del agua transitando libremente por el espacio. [30] El equilibrio también se pone a prueba con los constantes cambios de nivel, en busca de que el habitante esté siempre alerta de cada paso y, por ende, de cada espacio que va a transitar.

Por otra parte, comenta Heidegger: "Los mortales habitan en la medida en que esperan a los divinos como divinos. Esperando les sostienen lo inesperado yendo al encuentro de ellos; esperan las señales de su advenimiento y no desconocen los signos de su ausencia."[31]

El ser humano que habita en la Virgilio Barco es alguien que aspira a crecer cultural e intelectualmente; que aspira a recibir la revelación de la sabiduría que puede emerger del conocimiento que albergan los libros dentro de ella. La sala principal se puede considerar como un lugar sagrado, donde el arquitecto se propuso trabajar la luz como un material adicional que fortalece el carácter de la arquitectura.

La luz que se aprovecha es la luz norte (la más conveniente en Bogotá para un tipo de exigencia como esta) y existen tres estratos de penetración de la misma dentro de la sala: Un primer estrato a través de las ventanas que enmarcan el paisaje y que están a la altura promedio del ojo humano. Un segundo estrato que entra por los ventanales del segundo nivel de la sala; y un tercer estrato donde los tragaluces en concreto color arena reflejan la luz incrementando su luminosidad que baña la totalidad del espacio, atrayendo la mirada del habitante; haciéndole sentir por un momento la presencia de la divinidad.

El agua también puede interpretarse como la presencia de la divinidad dentro de la biblioteca. Para los muiscas (antigua cultura prehispánica de la sabana de Bogotá) el agua era un regalo de la divinidad, por medio de cual La Madre Tierra era fecundada para que diera sus frutos; dentro de esos frutos estaban los hombres. Por eso no es extraño ver la majestuosidad con la que el agua hace presencia en el patio de acceso a la biblioteca; cómo a través del escalonamiento Salmona logra que se escuche su tranquilo correr, como si descendiese de las alturas divinas para llenarnos de vida; como un regalo de la divinidad.

Hasta este punto se puede afirmar entonces que la biblioteca Virgilio Barco fue concebida como un lugar, dentro del cual se suscitan otros lugares. Estos lugares permiten que el habitante experimente la relación entre cielo, tierra, mortales y divinidad, como muchas veces en la cotidianidad no lo hace. La arquitectura de la Virgilio Barco permite que el habitante se vuelva consiente de la belleza de un ladrillo o de la misma arquitectura; pero también de la naturaleza y del paisaje que le rodean.

Se puede decir que la biblioteca abre los ojos del habitante a la realidad, a la verdad de la tierra y del mundo que, a su vez, le permiten existir. Para Heidegger esta es la desocultación de la verdad que tiene lugar en la obra de arte [32]. La biblioteca Virgilio Barco es entonces una obra de arte. Esto convierte a Salmona en un artista; y usted que ya conoce más de lo que pensaba de este edifico; usted tiene el privilegio de ser el contemplador de esa obra de arte [33].

Heidegger plateó que la obra de arte desoculta las verdades antes descritas, y que están presentes en la biblioteca; pero echó mano a la poesía para explicar otra parte de la verdad que revela la obra de arte y de la cual se han dado algunos indicios hablando de este edificio diseñado por Salmona.

La obra de arte desoculta la verdad; el arte es la verdad; todo arte en esencia es poesía, por ende, la poesía es la verdad [34]. Pero ¿de qué verdad se habla? El filósofo parece descífralo en los apartes finales de su ensayo "Hölderlin y la esencia de la poesía", cuando explica que la poesía, entendida como arte, revela cosas que están guardadas en lo profundo del ser; tanto de aquel que hace la obra como de aquellos que la contemplan, en el caso de la poesía de quienes la leen.

Comenta que la *verdad* está presente en ellos como miembros de un pueblo histórico, y que ello mismo los lleva a compartir el origen de su identidad. La manifestación de ese origen es la máxima verdad que está oculta en la obra de arte, en el caso que compete a este escrito, es la verdad que está oculta en la arquitectura de la biblioteca pública Virgilio Barco. [36]

La verdad que revela la arquitectura de este edificio, y que permite tan notoria apropiación por parte de sus habitantes, es el origen del pueblo que la habita; es la revelación de sus mitos que explican su origen; de aquellas narraciones que por centenares de años han estado con ellos guardadas en su memoria colectiva o en términos de Freud en el *inconsciente colectivo* [37].

La representación de los mitos se manifiesta a través de actos sagrados, ceremonias o ritos; estos necesariamente tienen lugar en espacios. Esta es la razón para que en la arquitectura de la biblioteca se haya invertido tanto esfuerzo en la creación de espacios sin ninguna razón funcional (lógica) aparente, pero que sin duda tienen otra pretensión, que es darle lugar a los mitos a través de los ritos que conmueven el alma de sus habitantes.

Usted ahora podrá entender por qué en el trascurso de este ensayo se recurrió muchas veces a mencionar, con cierto tono nostálgico o idílico, las características de algunos de los componentes espaciales del edificio que sin duda están cargados de esa poética que el arquitecto quiso plasmar en ellos, para que hoy el habitante; usted; se sumerja en la verdad, en el origen de su vida y renueve sus fuerzas para seguir adelante en la búsqueda de la plenitud de su ser.

Para terminar, retomemos entonces el tema del atrio de acceso. Ese recorrido de más de cien metros fue diseñado para que la arquitectura mediante las variaciones del comportamiento físico estimule los sentidos del habitante [38]. Lo que propuso Salmona a través de las variaciones del nivel del terreno, además de estimular los sentidos, es motivar un cambio del estado anímico y afectivo del habitante.

Si se analiza bien, la persona que termina de ascender junto al estanque escalonado no es la misma persona o no se siente anímicamente igual, como cuando empezó a descender por la primera rampa. Descender por la rampa relaja el cuerpo, disminuye el esfuerzo físico. Caminar por el patio hundido permite que el oído se aísle del ruido exterior y los ojos se priven de cualquier contaminación visual. Finalmente, ascender junto al estanque escalonado vuelve a requerir un esfuerzo físico que se contrarresta con la sensación relajante de escuchar el agua cayendo libremente, como queriendo dar un grato saludo de bienvenida al recinto que alberga la biblioteca.

El usuario de este edificio, metafóricamente ha realizado un acto sagrado. Ha muerto para el afán y el caos de la ciudad (descendiendo por la rampa), ha purificado su ser sumergiéndose en el interior de la madre tierra y volviendo a ser uno con ella (en el patio hundido) y finalmente ha emergido con la fuerza de la vida representada por el movimiento y el sonido del agua (en el patio escalonado)[39].

El atrio de la biblioteca sumerge al visitante en un ritual de purificación; ha pasado de un estado a otro estado distinto pero mejor; sus sentidos han sido estimulados para estar más atentos de lo que va a suceder en el interior de la biblioteca; y su alma se ha sensibilizado para bañarse de la luz que brinda el conocimiento [40].

Este edificio es, pues, un templo que alberga la luz del conocimiento que reposa en los libros. Lo que fue hace algún tiempo un imaginario colectivo, hoy se vuelve realidad. No en vano después de diez años de haber abierto sus puertas al público, la biblioteca recibe a más de veinte mil personas a la semana que la ven como un símbolo de identidad, de la identidad bogotana.

La biblioteca Virgilio barco fue declarada Patrimonio Nacional de la República de Colombia en el año 2007 [41]; logro obtenido por estar construida con materiales que van más allá del ladrillo, el concreto, la madera o el vidrio; la biblioteca pública Virgilio Barco está construida con las costumbres, la humildad, la calidez, la pujanza, el respeto, la sinceridad y entre muchas otras virtudes, el anhelo y la esperanza de crecer intelectual y culturalmente, dejando atrás el abrupto pasado, de los cerca de cuarenta millones de buenos colombianos que somos hoy.

Notas
1. Secretaría de asentamientos humanos y obras públicas; Vocabulario arquitectónico Ilustrado; México, 1980, p. 50.
2. Secretaría de Educación de Bogotá, Colombia. Bogotá y Biblored: la ciudad y las bibliotecas. Recuperado de http://www.ldelectura.com/numero-2/79-referencias/162-bogota-y-biblored-la-ciudad-y-las-bibliotecas.html
3. Recuperado de http://www.bogota-dc.com/varios/1900a.htm listado de alcaldes mayores de Bogotá.
4. Caballero, Ma. Cristina; "Biblored, Innovadora Red Colombiana de Bibliotecas", p. 5.
5. Caballero, *op. cit.,* pp. 5, 6.
6. Caballero, *op. cit.,* pp. 7,12.
7. Cassirer, Ernst, "El mito del estado", México: FCE, p. 259. "Lo que constituye el carácter del héroe según la teoría de Carlyle es la rara y feliz unión de todas las fuerzas creadoras y constructivas del hombre".
8. Caballero, María Cristina; "Biblored, Innovadora Red Colombiana de Bibliotecas", p.13.

9. Cassirer, Ernst, "El mito del estado", México: FCE, p. 263. "no podemos prescindir de Shakespeare. (…) Shakespeare no pasa, permanece siempre con nosotros", hablando de este escritor como un prototipo de héroe. Hoy también es inevitable prescindir de Rogelio Salmona Como maestro de la arquitectura colombiana.
10. Salmona, Rogelio, "Del principio de la incertidumbre a la incertidumbre del principio"; Conferencia dictada en la UNAM, Ciudad de México, 2004 y en la Universidad Central de Venezuela, Caracas, 2005.
11. Cassirer, *op. cit.*, p. 256. La sinceridad, el no callar cuando se tiene que decir la verdad sobre ti mismo y sobre los demás.
12. Cassirer, *op. cit.*, p. 257. Otras de las cualidades citadas por el autor para describir al Héroe.
13. Cassirer, *op. cit.*, p. 255. "Gigante entre los hombres circundantes, por su fuerza material y espiritual" y hace parte de los "promotores de la cultura humana".
14. Cassirer, *op. cit.*, p. 257. "el Visionario, cuyo pensamiento formulado en palabras despierta la soñolienta capacidad de todos para el pensamiento (…) el pensamiento si es profundo, sincero y autentico tiene la fuerza de hacer maravillas."
15. Hartmann, Nicolai, "Estética", México: UNAM, 1977. "En la mirada a una obra arquitectónica se expresa algo más que esta totalidad; deja aparecer una vida que está dentro de la construcción y de la que da testimonio", p. 249.
16. Hartmann, *op. cit.*, p. 255. "Pertenece entonces evidentemente a la experiencia de la vida en tales obras arquitectónicas, en su contemplación y utilización diarias, en la confianza que se le toma y en la creciente necesidad de hacer que lo habitado sea soportable y adecuado- para configurar en general formas que sean suficientes para un anhelo anímico superior, es decir, aquellas que expresan algo del ser anímico y de la postura interior de sus creadores".
17. Hartmann, *op. cit.*, p. 251. "Quien no tiene experiencia en proyectos no alcanza a ver la plenitud de las posibilidades que siguen existiendo por lo común; y ante todo no tiene la intuición de que es posible alcanzar efectos espaciales relativamente importantes con escasos medios".
18. Hartmann, *op. cit.*, p. 250. "Debe proponerse una tarea y justo en su solución debe mostrarse el arte".
19. Worringer, Wilhelm, "La esencia del gótico", México: FCE, 1997, p. 20. "Las continuas mutaciones de esa relación entre el hombre y las impresiones del mundo circundante, constituyen el punto de partida para toda psicología de gran envergadura".
20. Worringer, *op. cit.*, p. 250, "Estratos de la arquitectura, Primer estrato Externo". "De veras orgánica, como construida desde dentro, solo

puede ser una solución que parta por completo del aspecto práctico y elija después las posibilidades que este le permita desde el punto de vista de la forma estética".
21. Hartmann, *op. cit.*, p. 254. "Estratos de la arquitectura, segundo estrato interno", a qué aspecto se le de preferencia es asunto del modo de vida predominante o también del gusto."
22. Hartmann, *op. cit.*, p. 251. "No hay que pensar que no quede espacio de juego para a configuración espacial si se preocupa uno primero por el propósito práctico".
23. Worringer, *op. cit.*, pp. 17, 19. (…) las crecientes relaciones entre los pueblos, han contribuido a imponer la exigencia de un criterio más objetivo para la evolución del arte y a ver una diversidad de voluntades artísticas donde antes no se veía sino una diversidad de capacidades". "(…) la historia de la voluntad artística vendrá a codearse, como igual, con la historia comparativa de los mitos, (…) las religiones, (…) la filosofía, (…) las instituciones del universo, esas grandes encrucijadas de la psicología de la humanidad".
24. Hartmann, *op. cit.*, p. 251. "Ahora bien, todas las artes están ligadas a su materia y ligadas por ella, pero la materia de la arquitectura tiene un peso y una obstinación especiales (…) Por ello, depende también la composición espacial al límite de la composición dinámica."
25. Heidegger, Martín, "Construir, habitar, pensar", conferencias y artículos, Barcelona: SERBAL, 1994, p. 8.
26. Heidegger, *op. cit.*, p. 4
27. Ídem.
28. Sociedad colombiana de arquitectos, "Rogelio Salmona: espacios abiertos / espacios colectivos", Bogotá, 2006, p. 36.
29. Heidegger, *op. cit.*, p. 4
30. Bachelard, Gastón. "la poética del espacio", México: FCE, p. 171.
31. Sociedad colombiana de arquitectos, *op. cit.*, p. 93. Al respecto dice Salmona: "La arquitectura -arte del espacio y del tiempo- y la creación urbana son labores que deben ser actualizadas permanentemente poniendo en juego todas las percepciones visuales, táctiles, sonoras, oloríficas y así, contrarrestar la tendencia a hacer montajes de productos comerciales que no tienen, como algunos elementos industriales, la gracia de envejecer.
32. Heidegger, *op. cit.*, p. 4
33. Heidegger, Martin, "Arte y poesía", México: FCE, 1992, p. 60. "La obra de arte abre a su modo el ser del ente. Esta apertura, es decir, el desentrañar la verdad del ente, acontece en la obra. En la obra de arte se ha puesto en operación la verdad del ente".
34. Heidegger, op. cit., p. 91. "La contemplación no aísla al hombre de sus vivencias, sino que las inserta en la pertenencia de la verdad que

acontece en la obra, así funda el ser-uno-para-otro y el ser-uno-con-otro como el histórico soportar del existente (Dasein) por la relación con la no-ocultación".
35. Heidegger, op. cit., pp. 95-97. Explica el autor la correspondencia entre el arte y la poesía.
36. Heidegger, op. cit., pp. 121, 123. "La palabra poética sólo es igualmente la interpretación de la <voz del pueblo>. Así llama Hölderlin a las leyendas en las que un pueblo hace memoria de su presencia a los entes en totalidad. (…) Cuando el poeta queda consigo mismo en la suprema soledad de su destino, entonces elabora la verdad como representante verdadero de su pueblo".
37. Paz, Octavio, "El arco y la lira", México: FCE, 2006, p. 66. En el capítulo del ritmo comenta también sobre la relación de la poesía y el mito: "En el ser de la poesía una reproducción imitativa, si se entiende por esto que el poeta recrea arquetipos, en la acepción más antigua de la palabra: modelos, mitos. (…) Esa imitación es creación original: evocación, resurrección y recreación de algo que está en el origen de los tiempos y en el fondo de cada hombre, algo que se confunde con el tiempo mismo y con nosotros, y que siendo de todos es también único y singular. El ritmo poético es la actualización de ese pasado que es un futuro que es un presente: nosotros mismos. La frase poética es tiempo vivo, concreto: es ritmo, es tiempo original, perpetuamente recreándose."
38. Cassirer, *op. cit.*, p. 37. Según Ribot "los estados o impulsos motores son primarios; y las manifestaciones afectivas son secundarias".
39. Cassirer, *op. cit.*, p. 30. Cassirer afirma que "el lenguaje humano es metafórico en su esencia misma, está lleno de símbolos y analogías". En este ensayo esta frase se reformula de la siguiente manera: el lenguaje arquitectónico del atrio de la biblioteca Virgilio Barco está lleno de símiles y analogías.
40. Luz de esperanza; de cambio. Luz que aquellos hombres y mujeres visionarias vieron como la herramienta para borrar las huellas de la indiferencia y tejer de nuevo la identidad entre los ciudadanos, su ciudad y su país.
41. Recuperado de http://obra.fundacionrogeliosalmona.org/obra/proyecto/biblioteca-virgilio-barco/

Bibliografía

Bachelard, Gastón. "la poética del espacio", México: FCE, p. 171.
Cassirer, Ernst, "El mito del estado", México: FCE.
Hartmann, Nicolai, "Estética", México: UNAM, 1977
Heidegger, Martin, "Arte y Poesía", México: Fondo de Cultura Económica, 1958.
_____, "Construir, habitar, pensar", conferencias y artículos, Barcelona: SERBAL, 1994.
Paz, Octavio, "El arco y la lira", México: FCE, 2006.
Recuperado de http://obra.fundacionrogeliosalmona.org/obra/proyecto/biblioteca-virgilio-barco/
Recuperado de http://www.bogota-dc.com/varios/1900a.htm listado de alcaldes mayores de Bogotá.
Salmona, Rogelio, "Del principio de la incertidumbre a la incertidumbre del principio"; conferencia dictada en la UNAM, Ciudad de México, 2004 y en la Universidad Central de Venezuela, Caracas, 2005.
Secretaría de asentamientos humanos y obras públicas; Vocabulario arquitectónico Ilustrado; México, 1980.
Secretaría de Educación de Bogotá, Colombia. Bogotá y Biblored: la ciudad y las bibliotecas. Recuperado de http://www.ldelectura.com/numero-2/79-referencias/162-bogota-y-biblored-la-ciudad-y-las-bibliotecas.html
Sociedad colombiana de arquitectos, "Rogelio Salmona: espacios abiertos / espacios colectivos", Bogotá, 2006.
Worringer, Wilhelm, "La esencia del gótico", México: FCE, 1997.

108

Mito, arte y arquitectura

FEDERICO MARTÍNEZ REYES

I. El mito como fundamento del arte: el arte como fundamento del hombre

1

Los movimientos de los astros, la lluvia, el fuego, la naturaleza entera, el origen del hombre y su destino, han generado en el hombre la necesidad de saber, de convertir en respuestas tangibles al caos que lo rodea. Y encuentra en el mito respuestas satisfactorias. Sin embargo, de entre todos estos fenómenos, hay uno en particular que causa, en todo tiempo, terror constante en los hombres: la muerte (Cassirer, 1947)

Las antiguas civilizaciones generaron y se apoyaron en mitos para entender el destino del alma después de la muerte del cuerpo, basaron el principal objetivo de éstos en hacer creer, en formas diversas y mediante diferentes representaciones alusivas, ciertas verdades profundas a las que no se puede llegar con el uso exclusivo de la razón. Así, lo incomprensible se convierte en algo inteligible y, momentáneamente, el espíritu encuentra paz y remanso en el pensamiento mítico. Los fenómenos incomprensibles toman, entonces, formas terrenales, comprensibles al ojo humano: nacen los dioses y con ello, el rito. Cassirer dice que "el mito es el elemento épico de la primitiva vida religiosa; el rito es su elemento dramático. Tenemos que estudiar el último para comprender el primero" (Cassirer, 1947).

El rito se convierte en la representación, interpretación, del mito. No dice todo lo que trata de decir, pues lo humano no puede por más que lo intente, ser divino, pero hace todo lo posible por aproximarse a un significado "real". "Los motivos del pensamiento mítico y de la imaginación mítica, continúa Cassirer más adelante, son, en cierto sentido, siempre los mismos. En toda actividad humana y en todas las formas de la cultura humana encontramos una "unidad de lo diverso". El arte nos ofrece una unidad de intuición; la ciencia nos ofrece una unidad de pensamiento; la religión y el mito nos ofrecen una unidad del sentimiento. El arte nos abre el sentimiento de las "formas vivas"; la ciencia nos muestra un universo de principios y leyes; la religión y el mito empiezan con la universalidad y la identidad fundamental de la vida" (Cassirer, 1947).

Es decir, el rito se sirve también del arte para tratar de comunicar lo que los mitos son. Así, religión, arte y mito parecen tener lazos muy estrechos, pues, a diferencia de la ciencia, éstos hacen uso de lo aparentemente irracional para comprender un mundo caótico e inexplicable, pero sobre todo, hacen referencia a lo infinito, a lo perdurable y, por lo tanto, a lo inmortal.

Ya decíamos que la muerte es, en primera instancia, un fenómeno natural incomprensible, y en consecuencia aterradora, pero, por el simple hecho demitificarlo, se vuelve un elemento comprensible. Sin embargo esto no le basta al ser humano, porque aún cuando ha logrado "domar" a la muerte, ahora tiene miedo de morir. Y aunque no puede evitar la muerte, sí puede evitar morir, es decir, trascender. Una forma de trascendencia es la descendencia, pues los hijos llevan la sangre de quien engendra; otra forma es el arte. Ricardo Garibay y Jorge Luis Borges hablaban de esto en casi los mismos términos: "cuando un escritor muere, no muere de veras, sigue viviendo en sus obras". Y lo mismo podría decirse de cualquier otro artista respetable, un da Vinci, un Miguel Ángel, un Palladio, etc. Por eso Friederich Schlegel no se equivocaba al afirmar que "sólo puede ser artista aquel que posea su propia religión, es decir, su propia intuición de lo infinito". Después de lo anterior, parece que la relación arte-religión-infinito es casi inseparable, y parece ser aún más contundente cuando las obras de arte van encaminadas a representar elementos propios de las deidades. Esto lo podemos observar en las culturas antiguas, donde la representación de los mitos por medio de los ritos era indispensable. Vasijas, altares, templos, máscaras rituales, son elementos que han sobrevivido al tiempo, trayendo consigo las imágenes, ya no solamente de individuos, sino de civilizaciones completas recordadas gracias a estos objetos y, por lo tanto, vivas. Y todos estos objetos, cuando son hechos con paciencia y dedicación para los dioses trascienden nuestro cuerpo, pues son productos de una imagen que, si bien se refleja en la mente, se gestan principalmente en el alma. La dualidad aquí es innegable: interior-exterior, cuerpo-alma, razón-instinto.

Worringer hace una distinción muy clara entre tres tipos de hombres que han valorado de distintas maneras esta dualidad, dando a una o a otra una primordial jerarquía. El primero es el hombre primitivo, que lleva intelecto y espíritu (intuición) de manera paralela, atrapando el caos en el arte, pues hacer arte para él significa "eludir la vida y sus caprichos, fijar en la intuición algo permanente que trasciende de los fenómenos y en donde queda superada la caprichosidad y la mutabilidad de los fenómenos" (Worringer, 1997).

Pero cuando el arte está consolidando, éste se convierte en una sublimación de la vida. El caos se convierte en cosmos y, por lo tanto, el hombre se erige como el único ser capaz de crear orden en la confusión. Aquí surge el segundo tipo, el hombre clásico, que tiene su representatividad en el griego.

El descubrimiento de que es él quien puede domar la inclemente naturaleza, le da al hombre clásico la confianza suficiente para hacer el mundo a su imagen y semejanza, los griegos, por ejemplo, veían ya en la filosofía el arte de la vida, en ella se podían encontrar las respuestas a todas las incógnitas que se le presentaban. Los dioses son así confinados en cuerpos humanos y el arte pasa a ser un elemento de lujo para el alma, "las fuerzas creadoras de su alma, desasidas de la necesidad inmediata que impone la conservación espiritual, quedan libres para una actividad alegre, orientada hacia lo real; para una actividad de arte, en el sentido que nosotros damos a este término[...] Así en este período clásico de la evolución humana, la creación artística se convierte en intuición ideal de la vitalidad depurada y conciente; se torna pues, goce objetivo de sí mismo. Libre ya de todo recuerdo dualista, el hombre celebra en el arte, como en la religión, el cumplimiento de un venturoso equilibrio del alma" (Worringer, 1997).

El tercer tipo es el hombre oriental, quien "percibe el dualismo como un sino sublime y, sin palabras ni deseos, se inclina ante el gran enigma indescifrable de su ser. Su temor se ha depurado y convertido en veneración; su resignación se ha tornado religión. Para él no es la vida un absurdo confuso y tormentoso, sino algo sagrado, que arraiga en profundidades inaccesibles al hombre [...] El dualismo con que el oriental percibe el universo se refleja claramente en el sentido trascendental de su religión y su arte" (Worringer, 1997).

Pero, aún cuando estos tres tipos de hombres tengan en distintas categorías una u otra parte de la inseparable dualidad del hombre, una constante habita en ellos: el mito, que está "conectado íntimamente con todas las demás actividades humanas: es inseparable del lenguaje, de la poesía, del arte, y, por ende, de la arquitectura, y del más remoto pensamiento histórico, pues en éstos, nuestras emociones no se convierten simplemente en actos, se convierten en obras" (Cassirer, 1947).

Las múltiples representaciones del mito van desde los rituales en donde danza y canto se unen para invocar a los dioses, o se manifiestan en algunas obras escritas, como la Iliada, libro indispensable para los griegos, o como el Popol Vuh, libro sagrado de los mayas.

Sin embargo, algo en estas representaciones queda incompleto, las danzas duran un suspiro, y hay que estarlas repitiendo incansablemente, las danzas rituales necesitan además un espacio digno para representarse, un lugar que albergue al dios al que se invoca. Y las historias escritas en libros deben ser tangibles, visibles, no únicamente en la mente, sino en la realidad. De aquí que el hombre busque un refugio para albergar tales representaciones.

Worringer dice que el hombre primitivo parte la representación de la línea rígida, de su "esencialidad abstracta e inánime, sintiendo oscuramente su valor propio inexpresivo como parte de una regularidad inorgánica, superior a todo viviente. En ella encuentra el hombre primitivo paz y sosiego, porque es ella para él la única expresión intuitiva de lo inánime, de lo absoluto." (Worringer, 1997). De la línea, parte al plano, donde traduce la espacialidad en anchura, donde puede imitar aquello que está siempre en incesante movimiento dejándolo fijo; y finalmente, pasa a la plasticidad de la piedra, a la formación del espacio. A la inauguración del lugar, del ahí, de la referencia visible. Coloca un menhir en medio de la nada, y la nada se convierte en un lugar entendible, y entonces ahí es donde se dan los ritos, ahí es donde está quien debe de estar, entonces el ahí existe. Y lo hace con piedra, pues la piedra posee un innegable carácter de eternidad. Por eso, en la arquitectura se plasma de manera más contundente el mito: Stone Head, la Acrópolis, las ciudades mesoamericanas. La arquitectura será y es para la humanidad un símbolo de su paso por el tiempo, de su innegable dominio de la naturaleza.

2

"...juzgo que poesía y religión brotan de la misma fuente..."
Octavio Paz

El mundo de lo profano y el mundo de lo sagrado forman parte de la dualidad que se da en el hombre; lo mismo que se encuentra en él lo real y lo imaginario. A lo sagrado y a lo imaginario pertenece el mundo del mito y a su vez, los conceptos de religión y arte están asociados al mito.

Y en la separación de estos mundos el arte juega un papel importante, aún más como veremos más adelante, la poesía. Ahora nos detendremos un poco en lo sagrado. Dice Paz al respecto que "todo nos lleva a insertar al acto poético en la zona de lo sagrado. Pero todo, desde la mentalidad primitiva hasta la moda, los fanatismos políticos y el crimen mismo, es susceptible de ser considerado como sagrado". (Paz, 2006)

Pero como sagrado no en el mundo tal cual lo conocemos, no en el mundo real donde todo tiene una explicación lógica, sino en el mundo imaginario, donde se refugia la mentalidad mítica del hombre, ya no únicamente primitivo, sino la de todo hombre: "Adherirse al mundo objetivo es adherirse al ciclo del vivir y el morir, que es como las olas que se levantan en el mar; a esto se llama: la otra orilla... Al desprendernos del mundo objetivo, no hay ni muerte ni vida y se es como el agua corriendo incesante; a esto se llama: la otra orilla". (Paz, 2006)

Llegar a la otra orilla es estar en aquel lugar donde lo que sucede, no sucede como parece, sino que se vuelve distinto: el baile ritual no es un simple movimiento del cuerpo, el movimiento es la lucha cuerpo a cuerpo con el oponente, es la comunicación directa con los dioses y la transfiguración del hombre en constelación y en el animal al que pertenece en linaje. "El universo está imantado. Una suerte de ritmo teje tiempo y espacio, sentimientos y pensamientos, juicios y actos y hace una sola tela de ayer y mañana, de aquí y allá, de náusea y delicia. Todo es hoy. Todo está presente. Todo está aquí, todo es aquí. Pero también todo está en otra parte y en otro tiempo. Fuera de sí y pleno de sí. Y la sensación de arbitrariedad y capricho se transforman en un vislumbrar que todo está regido por algo que es radicalmente distinto a nosotros. El salto mortal nos enfrenta a lo sobrenatural. La sensación de estar ante lo sobrenatural es el punto de partida de toda experiencia religiosa. [...] Todo es real e irreal. Los ritos y ceremonias religiosas subrayan esta ambigüedad". (Paz, 2006)

En el llegar a esta otra orilla está el develarse de nuestro ser, aquí somos Otros. "Porque la experiencia de lo sobrenatural es experiencia de lo Otro" (Paz, 2006). Y somos Otros en la representación artística, ritual, del mito. Se abre el baile y somos Otros, se pinta sobre las paredes húmedas de las cuevas y somos Otros, se levanta la voz y se recitan los cantos de los héroes y los dioses y somos Otros. En el arte somos verdaderamente, nos encontramos: el arte nos lleva de la mano al otro mundo, al mundo de lo sagrado.

Heidegger dice que "todo arte es como dejar acontecer el advenimiento de la verdad del ente en cuanto tal, y por lo mismo es en esencia Poesía. [...] Pero la poesía es sólo un modo del iluminante proyectarse de la verdad, es decir, del Poetizar en este amplio sentido. Sin embargo, la literatura, la poesía en sentido restringido, tiene un puesto extraordinario en la totalidad de las artes" (Heidegger, 1958).

La poesía inaugura, da forma, crea. Al nombrar algo, ese algo, por el simple hacho de nombrarlo, existe, la palabra le dio vida. Escribe Borges en su poema "El Golem":

Si, (como el griego afirma en el Cratilo)
El nombre es arquetipo de la rosa
En las letras de rosa está la Rosa
Y todo el Nilo en la palabra Nilo

La palabra crea y todo existe en la palabra. Por lo tanto, si todo arte es poesía, y es en la poesía donde se devela el ser, y es la palabra en quien se guarda la poesía, entonces poema es todo aquello que el arte produce; así, en la danza el cuerpo es palabra en movimiento, y en la pintura el color es palabra iridiscente, y en la escultura la piedra es palabra delineada, y en la arquitectura la piedra es palabra congelada en sus muros, pasillos, patios y jardines, hablando siempre.

En la arquitectura, aunque no existe habla en el ser de la piedra, puede decirse que al juntarse para moldear espacios, habla y poetiza. Envuelve a la verdad en el interior del espacio que forman las múltiples piedras y al entrar en ese regazo la verdad se devela y la poesía aparece.

Son los palacios y templos guaridas de protección de los ritos, en ella la naturaleza ha detenido su movimiento, en ella el hombre ha encontrado su lugar, va hacia ahí y de ahí se mueve, en sus interiores se recita y canta, se baila y dramatiza. Encuentra su Poesía de una manera más difícil, pues hablar le resulta pesado por los materiales que la componen, pero cuando esos balbuceos se entrelazan magistralmente, canta como canta la palabra en la poesía.

He aquí el origen común del arte, en donde se gesta el uno en función del otro y donde la reina y soberana es la poesía. Arte y mito son inseparables, en esa otra orilla el hombre se vuelve hombre, se encuentra sí mismo, y da un salto que lo transporta a otro mundo: al mundo de lo sagrado.

II. Arquitectura y mito: Quetzalcóatl y El Castillo en Chichen Itzá

*"Nuestros padres y abuelos nos dicen que él nos ha creado y formó,
él cuyas criaturas somos: nuestro príncipe Quetzalcóatl.
También ha creado el cielo, el sol y la deidad de la tierra"*
(Manuscrito de Sahún)

El Castillo, construcción que se eleva en las ruinas de la ciudad mesoamericana de Chichen Itzá, es un claro ejemplo de la representación de un mito: el mito de Quetzalcóatl. En este apartado se busca la correspondencia entre mito y arquitectura, en un objeto construido hace ya más de mil años.

Quetzalcóatl sacerdote-dios cuyo mito corresponde a la cultura mesoamericana, nace en Tula y su culto rápidamente se extendió por toda Mesoamérica. Su historia es ampliamente conocida: autodesterrado de Tula por haber mancillado su honor al haberse emborrachado con pulque, vaga por distintos lares hasta que, dirigiéndose al poniente, lugar donde el planeta Venus se oculta, embarcado en una pequeña balsa que se consume en llamas, vaticina que volverá por el oriente transformado en Estrella de la mañana y precediendo al Sol.

Independientemente de los resultados catastróficos que tuvieron los aztecas gracias a tal leyenda, lo que trataré de analizar aquí es la forma en la que los arquitectos de la ciudad de Chichen Itzá hicieron verdad el mito, construyendo para tal propósito el Castillo.

Quetzalcóatl llega a Yucatán junto con los pobladores de Tula, quienes, después de ver destruida su ciudad, recorrieron todo el golfo hasta la zona maya. Aquí, Quetzaclcóatl, la serpiente emplumada, es conocido también por el nombre de Kukulkan, el que sabe.

Llegar a la materialización de un dios como éste, fue una tarea ardua, difícil. Sin embargo, los itzaes supieron conceptualizar muy bien todos los elementos necesarios y, sobre todo, supieron expresarlos y componerlos magistralmente. El mito es representado así en lenguaje arquitectónico:

En primer lugar, el concepto de dios nos supone infinitud, es decir, puede tener inicio, pero no fin. Por lo tanto, al ser traído a la tierra, debe vivir en ella para siempre. Para lograr una morada eterna para Quetzalcóatl, los hombres la construyeron de piedra, material que sobrevive a tempestades, al agua, al fuego, al rayo; material que organiza el caos, que doma a la naturaleza.

El Castillo fue construido en piedra.

Tiene nueve basamentos, que corresponden al ciclo de las

nueve lunas, a los nueve meses que dura la gestación del hombre. Tiene cuatro grupos de escalinatas, cada grupo mira a un punto cardinal y cada grupo se compone de 91 escalones, que, sumados al último escalón que llega al templo, dan 365 escalones, 365 días. Ha conquistado el espacio: domina el Norte, el Sur, el Este y el Oeste, y ha conquistado el tiempo, todo se mide en ciclos.

Sin embargo, todavía falta el toque místico más asombroso, aquél que le da fama al Castillo. Quetzalcóatl profetizó que regresaría: "Quedó desnudo como había llegado. Sus carnes viejas se llenaron de espumas, como de escamas. Y entonces dijo: Toda luna, todo año, todo día, todo viento camina y pasa también. También toda sangre llega al lugar de su quietud, como llega a su poder y a su trono.

"Tuve trono y tuve poder, mucho corrió mi sangre que ahora quiere quietud, llegó mi año, llegó mi día. Me voy al viento, me voy al mar. Me voy. Partiré al lugar de mi quietud. Ya estoy en la orilla. Los mancebos, solemnes, se quitaron sus mantos, que el viento se llevó como si fueran flores, como si fueran mariposas. Besaron los pies de Quetzalcóatl, que puso sus viejas y temblorosas manos sobre sus cabezas. Tres veces intentaron echar la balsa al mar y tres veces el mar la regresó. A la cuarta les pidió que lo amarraran a la cruz, y así amarrado, sobre una gran ola, se fue la balsa de serpiente con Quetzalcóatl unido, por fin, al Árbol del Universo". (López Portillo)

¡Oh mi raza final, mi raza cósmica!
Sobre mi cruz vendrá otra cruz bendita
a confundir su aliento con mi aliento
hasta que surja de la mar tranquila
un continente virginal en donde
vosotros grabaréis la última rima
de la estrofa inmortal de este universo.
Ya me voy de vosotros, pero un día
volveré por oriente convertido
en la luz de la estrella matutina.
(Acuña, 1947)

Y, si Quetzalcóatl prometió que volvería, tenía que volver. Y Quetzalcóatl, actualmente (Bartra, 1960) vuelve una vez cada año.

| Federico Martínez Reyes

Los asombrosos conocimientos sobre los astros hacen posible que el dios regrese.

Por la escalinata norte, cada 21 de marzo, la Serpiente Emplumada, regresa convertida en sombra. La sombra provocada sobre la cara oeste de la escalinata norte desciende lentamente a la tierra, su cuerpo es sombra, su cabeza piedra, labrada como remate en las escalinatas.

Ya he comenzado el retorno
a mis más altos orígenes:
del fuego subiré al otro
de mi estrella renacida,
y en el umbral de las sombras
seré el signo del espíritu.
(Acuña, 1947).

La profecía se cumple, y miles de personas de todo el mundo, aturdidos, fascinado, vemos el fantástico mito materializarse, y, sin quererlo, nos convertimos en adoradores, completamos el rito, Quetzalcóatl, el dios, hasta ahora es infinito.

"El espíritu de Quetzalcóatl se desprende en forma de estrella (el lucero de la tarde) y sube al cielo. Los sacerdotes y guerreros se arrodillan y, señalando hacia la estrella, la adoran en silencioso recogimiento." (Digo actualmente porque originalmente por la escalinata sur del Castillo, ahora destruida y sin reconstrucción, también se veía la sombra de la serpiente emplumada).

De nuevo Quetzalcóatl, en su descenso, fertiliza la tierra. Los Itzaes tampoco han muerto.

No existe descendencia bajo el manto
y es Uno, quemante
Vino más allá de cualquier hombre
regresa: se esculpe:
se ha petrificado.
(Martínez, 2001)

III. El trasfondo de la arquitectura: el Partenón

La arquitectura es música congelada...
Goethe

"...Después, reanudando el hilo de oro de su pensamiento, me dijo, llegamos ahora a esas obras maestras que son la obra exclusiva de uno solo, y de las que te decía hace un momento, que parece que cantan.

¿Era una palabra vana, oh Fedro? ¿Eran palabras negligentemente creadas por el discurso, que rápidamente lo adornan, pero que no soportan la reflexión? ¡No, Fedro, no!... Y cuando (primero e involuntariamente) hablaste de música a propósito de mi templo, ha sido al influjo de una divina analogía. Ese enlace de pensamientos que por sí mismo se dibujó en tus labios, como el acto distraído de tu voz; esa unión al parecer fortuita de cosas tan diferentes, depende de una necesidad admirable, que es casi imposible de pensar en toda su profundidad, pero de la que tu sentiste oscuramente la presencia persuasiva. Imagina entonces fuertemente, lo que sería un mortal suficientemente puro, razonable, sutil y tenaz, poderosamente armado por Minerva para meditar hasta el extremo de su ser y, por ese extraño acercamiento de las formas visibles con las efímeras ligas de sonidos sucesivos; ¡piensa hasta qué origen íntimo y universal se adelantaría; a qué punto preciso llegaría; qué dios encontraría en su propia carne! Y poseyéndose, al fin, en ese estado de divina ambigüedad, si se propusiera entonces construir no se qué monumentos, en los que la figura venerable y graciosa participara directamente de la pureza del sonido musical, o debiera comunicar al alma la emoción de un acorde inagotable, imagina, Fedro, ¡qué hombre! ¡Imagina qué edificios!... y para nosotros, ¡qué goces!" (Valery).

Así hablaba Paul Valery, en voz de Eupalinos, de las grandes obras de la arquitectura, de aquellas que cantan. Pero ¿cómo reconocer las que cantan de las mudas?

Hartman, filósofo alemán de principios del siglo XX, en su libro Estética expone una serie de trasfondos existentes en la arquitectura, que nos pueden ayudar a validar y clasificar, quizá de manera más objetiva, las obras mudas de las que cantan. Me abocaré aquí a la tarea de encontrar esos trasfondos en la figura del Partenón.

Antes de entrar a estudiar los trasfondos de la arquitectura, dice Hartman que ésta está atada a dos fenómenos, "el primero estriba en una analogía con la música. Como en ésta surge, tras lo sensiblemente audible, algo mayor sólo musicalmente audible, así sucede aquí también. Tras lo directamente visible se presenta un todo mayor que, como tal, sólo puede darse en una visión conjunta más alta." (Hartmann, 1977). Es decir, no es únicamente lo visible y perceptible a través de los sentidos, lo sensorial, lo que nos permite dar una opinión sobre tal o cual solución arquitectónica. Lo que vemos, en el momento en que lo vemos, no es nunca una visión total del edificio, el edificio se nos presenta por partes, e intuimos el espacio como una unidad sólo cuando lo hemos recorrido. Este acto de recorrer sensible, en el que hacemos uso de nuestra visión principalmente, nos va acercando, además, al ver interior, artístico.

Si se dijera simplemente que el Partenón se ubica en la parte alta de la Acrópolis, que el cuerpo central del edificio estaba rodeado por un peristilo de 70 metros de largo, 30.5 metros de ancho y 18 de altura; que estaba construido de mármol pantélico y que constaba de una serie de columnas altas que lo rodeaban y sostenían el techo; que remataba en un frontón donde se levantaban motivos escultóricos hechos por Fidias, lo único que haría es una descripción visual, pero poco me dice del ver interior, cuyo objetivo sobrepasa en mucho al ver sensible: su objetivo es la composición verdadera (Hartmann, 1977). La descripción por si sola no da a entender lo que sucede espacialmente, como una partitura de una pieza musical es ininteligible en el papel y puede ser entendida sólo hasta que las notas escritas se convierten en sonidos musicales. El segundo fenómeno estriba en lo que la obra arquitectónica proyecta, "pues es evidente que en el aspecto de una construcción se expresa algo más que la forma material espacial." En la arquitectura se manifiesta con mayor claridad la vida de los pueblos. Kenneth Clark afirmaba "Dijo Ruskin: "Las grandes naciones escriben sus autobiografías en tres manuscritos, el libro de los muertos, el libro de sus palabras y el libro de su arte. Ninguno de ellos puede ser interpretado sin la lectura de los otros dos, pero de los tres, el único fidedigno es el último". En líneas generales, estoy de acuerdo con ello. Si para decir la verdad sobre la sociedad tuviese que escoger entre un discurso de un ministro y los edificios que se erigieron durante su ejercicio, me quedaría con los edificios" (Baltierra, *La teoría del Fenómeno Arquitectónico*).

"Por ello, pueblos y épocas históricas pueden 'aparecer' en sus construcciones y, de ninguna manera, sólo en las monumentales; éstas son sólo con frecuencia las más duraderas" (Hartmann, 1977).

La Acrópolis es un claro ejemplo del estilo llamado clásico que en Grecia se vivió entre los siglo V y IV a.C. De hecho, el término clásico que se adopta para clasificar no sólo un período, sino un tipo determinado de hacer, es empleado en aquellas obras que, por su contenido y forma, trascienden. Y es tanta la expresión que en el Partenón existe, que en éste "aparecen" los griegos con sus normas de belleza, las cuales, en el siglo XVIII fueron retomadas en la escuela de Bellas Artes de París. Los griegos, así, continúan expresándose a través del tiempo.

En la producción del quehacer aparecen, además, dos factores determinantes, el primero es el propósito al cuál está subyugado el arquitecto, pues sin propósito, no hay obra.

Villagrán expone ciertos elementos que son externos al arquitecto, entre ellos se encuentra el destino (además del lugar y la economía). El destino o propósito le dan al arquitecto el tema a desarrollar, y éste no se da de manera libre como en las demás artes, sino que está condicionado y sujeto a una necesidad real, a un fin práctico. El segundo es el peso y fragilidad de los materiales con los que trabaja. Con estas limitantes, el arquitecto debe poner todo su empeño en elaborar su obra.

El propósito del Partenón se encuentra en ser un templo dedicado a dar albergue a la diosa protectora de Atenas, Atenea Pártenos. Y el propósito que la elaboración de los templos supone, no es cosa fácil. El dar albergue a los dioses siempre será una tarea titánica.

Su emplazamiento en la Acrópolis responde a dos motivos: siendo la ciudad una ciudad dedicada y protegida a Palas Atenea, ésta tendría que dominar visualmente toda la ciudad, por lo tanto se emplaza en lo más alto de la Acrópolis, su sitio es lo más alto en las alturas, donde ve todo, donde todos la ven. El segundo motivo responde a la forma en que se efectuaban los ritos. Los sacerdotes consagrados a la diosa Atenea eran los únicos que tenían acceso a

| Federico Martínez Reyes

este templo, y los asistentes contemplaban los ritos desde afuera, desde la plaza. La distribución en planta del Partenón responde a una secuencia lógica de los espacios requeridos para llevar a cabo los rituales dedicados a Atenea. Su planta está dividida en cuatro secciones: el pronaos o pórtico, en el que se depositaban las ofrendas; la cela o santuario, en el que estaba la estatua de Atenea; el partenón o cámara interior y el opistodomo o cámara posterior.

La secuencia que se sigue en la ejecución del rito determina al interior la disposición del templo. Si adentro es el albergue de la diosa, el afuera corresponde a los mortales, y del afuera hacia el adentro se acerca a la divinidad. Y el pórtico es un filtro, la transición del afuera hacia el adentro. La cela sigue al pórtico y en lo más alejado del afuera, al fondo del santuario, la figura de Palas Atenea. En la planta arquitectónica se puede leer esta secuencia con gran claridad, en un movimiento que sólo eso, y nada más que eso, se puede hacer. Hay aquí una composición según el propósito.

Si la lectura en planta del Partenón es clara, existe una gran correspondencia en su composición espacial. Su altura corresponde a la altura de un templo y la magnificencia de la ciudad. El cuerpo del Partenón se eleva por encima de todas las construcciones. "Cuando de trata de construcciones monumentales se añade aún el efecto de las magnitudes, este no depende tanto de la verdadera magnitud de la obra arquitectónica como de la composición espacial: hay construcciones que no parecen ser grandes y otras de dimensiones muy modestas que producen una impresión de magnitud. (Hartmann, 1977).

El Partenón logra una proporción con el entorno, mirando desde el cielo. La materia con la cual está construida es la materia de los dioses: la piedra, la materia más duradera, la más esquiva y la más pesada.

Para los griegos, como para muchas de las antiguas civilizaciones, la piedra fue el material idóneo para cubrir bajo techo sus necesidades espirituales. El estilo griego estuvo condicionado a este poder técnico. "La superación de la pesantez en el cubrimiento de los espacios interiores es aquí el momento constructivo principal. Es principio es ya evidente en la forma de la columna griega, que además de soportar el arquitrabe, el frontón y el techo, se soporta a sí misma y por ello muestra el intuitivo fenómeno del rejuvenecimiento hacia arriba". (Hartmann, 1977).

Las limitantes que dan los materiales son evidentes, pero no estriba en ellos o en sus proporciones espaciales (las cuales, en el Partenón son técnicamente perfectas según la concepción clásica griega) la belleza de la forma, sino en el sentido dinámico de las formas; es decir, donde la pesantez y las habilidades constructivas se pueden intuir en la forma visible.

La gran variedad de soluciones que el Partenón pudiera tener son infinitas, pero la solución definitiva sólo puede entenderse como resultado del modo de vida de los griegos. Su tradición estilística y su obsesión matemática de la proporción los lleva a encontrar una sólida correspondencia de las partes con el todo. El estilo jónico, y no otro, es el único estilo capaz de definir la forma del Partenón, y el Partenón es el único capaz de dar albergue a Atenas. Otras soluciones pueden darse al templo de Atenas, pero el espíritu y sentido, la concepción del espacio interior serían otras. Y los griegos no se verían identificados con ellas. Hay en estas formas una determinada expresión, "una carácter interno de la obra arquitectónica, que no se agota sólo en el propósito mismo ni en la forma espacial y la construcción dinámica, sino que expresa además algo del carácter y del modo de ser colectivo de los hombres que crearon, a lo largo de muchas generaciones, estas formas. Pues esto es lo peculiar de formas arquitectónicas que expresan lo humano, que no surgen como ocurrencias de un individuo, sino que se configuran paulatinamente en una larga tradición". (Hartmann, 1977).

Hartman escribe: "No toda obra arquitectónica posee los estratos más profundos del trasfondo, aquellos que dicen algo de la vida y del ser anímico de los hombres que las construyeron. Pues la sola antigüedad, la distancia temporal con el observador, difícilmente formará el trasfondo". (Hartmann, 1977).

Ciertamente, hay en el Partenón una distancia temporal considerable entre nosotros y él, y la afirmación anterior nos previene de considerarla, por este simple hecho, como una obra arquitectónica. Habrá que analizar sus trasfondos y no utilizar, como único pretexto, su aparente eternidad, y hacer lo mismo con muchas obras para no ser engañados. Idea y técnica deben conjuntarse para dar al propósito una solución satisfactoria. La materia envuelve la idea. Y el cómo esta materia envuelva la idea dará como resultado la calidad arquitectónica.

La voluntad vital, creativa de los griegos, logró que tal templo pudiera llegar a ser edificado, y aún pudiera sobrevivir la temporalidad. Hay un espíritu que la piedra por si sola no captura, no enciende, necesita de la ayuda de hombres, de arquitectos, que resuman la vida de una civilización en una obra arquitectónica. El alma de las grandes edificaciones son sostenidas por ideas más que por columnas o arquitrabes, su forma es intuida no en su forma física, sino en una música que dice lo que las palabras callan, que se captura en el vacío que dejan los muros y la cubierta. El Partenón en una gran sinfonía musical.

Bibliografía
Acuña, Basileo. Quetzalcóatl, Ed. Trejos Hermanos 1947
Bartra, Agustí. Quetzalcóatl, FCE 1960
Baltierra, Adrián, "La teoría del Fenómeno Arquitectónico", México: UNAM. Tesis de Licenciatura.
Cassirer Ernest; "El Mito del Estado", México: FCE, 1947.
Hartmann, Nicolai, "Estética", México: UNAM, 1977
Heidegger, Martin, "Arte y Poesía", México: Fondo de Cultura Económica, 1958.
Manuscrito de Sahún, Codees Borgia. T. 1.
Paz, Octavio, "El arco y la lira", México: FCE, 2006.
Valéry Paul, Eupalinos o el Arquitecto, México: UNAM; 2000.
Worringer, Wilhelm, "La esencia del gótico", México: FCE, 1997.

126

La arquitectura mexicana en las publicaciones del siglo XX

LOUISE NOELLE GRAS GAS

En el campo de las publicaciones periódicas se debe tener en cuenta que en el siglo XX, los medios masivos de comunicación han tenido un papel preponderante, no sólo en el impulso a la globalización que se vive actualmente, sino en la efectividad para transmitir conceptos e ideas novedosas. Por lo tanto, resulta indiscutible que la publicación de una revista especializada tiene una decidida presencia dentro de dos niveles de igual importancia, el del registro de datos y el del proselitismo. De este modo la revisión de publicaciones que a continuación se presenta no constituye una relación exhaustiva, sino más bien un análisis, en esos términos, de aquellas colecciones que son significativas para el estudio y apreciación de la arquitectura de México en esta centuria.

Justo es iniciar con la que se considera como la pionera de las revistas dirigidas eminentemente al gremio de los arquitectos, *El Arte y la Ciencia*, cuyo primer número se publicó en enero de 1899. Se trata de una revista mensual que buscaba mostrar en sus páginas lo más granado de la bellas artes y la ingeniería, tanto nacional como del extranjero, con un acento particular sobre lo novedoso y las vanguardias. Probablemente, uno de los principales puntos a notar sea el hecho de que su fundador y director fue el arquitecto Nicolás Mariscal y Piña, cuya presencia destacada como Presidente de la Sociedad de Ingenieros y Arquitectos explica que esta publicación se acercara por igual a estos dos grupos de profesionistas. La revista contó con la colaboración de destacados personajes de la época provenientes de distintos ámbitos del mundo del arte o la ingeniería, entre los que se puede mencionar a los hermanos Juan y Ramón Agea, Enrique Alciati, Manuel Francisco Álvarez, Antonio M. Anza, Manuel Couto, Emilio Dondé, Roberto

Gayol, Germán Gedovius, Felix Parra, Antonio Rivas Mercado y Antonio Torres Torija entre muchos otros. Además se contaba con la participación de colaboradores del extranjero para cubrir las noticias de las obras más importantes del momento así como las noticias de los avances en el campo de la tecnología. Esta revista, que sufrió un cambio importante en su presentación a partir de 1905, se publicó durante doce años y fungió como rectora del pensamiento del periodo porfirista, cerrando sus puertas en 1911 con los avatares del movimiento revolucionario.

El nacimiento de la Sociedad de Arquitectos Mexicanos en 1919, propició la publicación de una revista especializada *El Arquitecto*, entre 1923 y 1934. En sus páginas se buscaba apoyar la independencia de este gremio con respecto al de los ingenieros, mostrando algunas obras realizadas en nuestro país junto a la reseña de los ejemplos más notorios de allende las fronteras. Cabe anotar que su contenido favorecía tanto la vertiente artística de la disciplina, como la inclinación nacionalista de esa época. Las controvertidas "Pláticas sobre arquitectura" de 1933 se presentaron como la crisis de ese concepto del arquitecto como decorador de edificios; mientras que del nacionalismo resulta un ejemplo fehaciente el "Capitel mexicano", reproducido en 1923, o el número extraordinario "In memoriam a Juan Legarreta" publicado en 1934. Cabe agregar que para 1937, esta Sociedad realizó un nuevo intento de difusión con la revista *Arquitectura y Decoración*, de corta vida.

Durante ese mismo periodo, se publican 25 números de la revista *Cemento* patrocinada por una empresa privada, entre 1925 y 1930; efectivamente, Cementos Tolteca realizó esta edición bajo la guía de Federico Sánchez Fogarty. A pesar de su carácter netamente comercial, su postura de apoyo a las realizaciones pioneras de la arquitectura contemporánea internacional le otorgó un sitio dentro del gremio de los arquitectos. Sin embargo, su principal interés consiste en haber recopilado las obras vanguardistas de aquellos mexicanos que favorecían el uso del cemento. De ese modo quedaron registradas construcciones importantes como el Centro Deportivo Venustiano Carranza, el Orfanatorio de San Antonio o el fraccionamiento Hipódromo-Condesa, entre muchas otras aportaciones locales.

Por más de cuarenta años se editó *Arquitectura/México*, la más longeva del ámbito nacional con ciento diecinueve números, entre 1938 y 1979. Este esfuerzo singular se debe al entusiasmo de Mario Pani, su director, quién dejó así patente su pasión por la arquitectura. Cabe agregar que en sus páginas se encuentra reseñado el acontecer arquitectónico que corresponde a un periodo de actividad y aportaciones significativas; por ello, se puede afirmar que se trata de una fuente de consulta obligada para conocer la arquitectura contemporánea mexicana. En especial hay que señalar la riqueza de algunos números monográficos, así como la presencia de textos y ensayos fundamentales, como el primer esbozo de la Teoría de José Villagrán y los cuarenta y siete números de la Sección de Arte de Mathias Goeritz.

Para mediados de siglo, los editores de *Espacios*, Guillermo Rosell y Lorenzo Carrasco, se propusieron ofrecer una revista original en cuanto a su diseño, publicando cuarenta y tres números entre 1948 y 1959. Asimismo, buscaron que en sus páginas aparecieran las expresiones plásticas y arquitectónicas que se enlazaban con la corriente nacionalista del momento. Contiene también reveladores ensayos de personajes como David Alfaro Siqueiros, Carlos Lazo, Clara Porset y Félix Candela entre otros, destacando por su importancia el texto de Alberto T. Arai, "Caminos para una arquitectura mexicana". Fiel reflejo de su época, esta publicación muestra el acontecer de un momento rico en realizaciones y eventos.

A manera de relevo, los arquitectos Manuel González Rul y Jorge Gleason Peart fundaron *Arquitectos de México*, con cuarenta y seis números en su haber a partir de 1957. Se trata de una publicación seria y de calidad que durante una década reseñó las principales obras de arquitectura, preocupándose por tocar los diversos problemas que esta disciplina planteaba. En especial, cabe destacar algunos números monográficos, que buscaban dilucidar algún tema mediante artículos teóricos y ejemplos prácticos, como fue el caso de hospitales o arte religioso.

De manera paralela, se dio un importante hecho en el campo de las publicaciones periódicas, el de seiscientas dos ediciones semanales de *Urbe*, en el suplemento dominical del periódico *Excélsior*. La Sociedad de Arquitectos Mexicanos, El Colegio

Nacional de Arquitectos de México y, posteriormente, la Sociedad Mexicana de Urbanismo, el Colegio de Ingenieros Civiles y la Sociedad Mexicana de Decoradores auspiciaron esta sección; el 4 de agosto de 1957, con Pedro Ramírez Vázquez a la cabeza de las instituciones gremiales, se abrió esta ventana sobre la evolución de la arquitectura, la ingeniería y el urbanismo, tanto nacionales como internacionales, misma que duró hasta 1969. Su principal acierto fue el de plantear un lazo de unión entre diversas sociedades de profesionales y el público en general, lo que nunca ha podido restablecerse de manera tan amplia. En sus páginas quedó registrado el quehacer de los arquitectos mexicanos, a la vez que se ofrecía el pensamiento de relevantes profesionistas tanto internacionales, Bruno Zevi, Leonardo Benevolo o Walter Gropius, como nacionales; de entre estos últimos destacan las posturas particulares de Alberto González Pozo, Salvador Pinoncelly, Agustín Piña Dreinhofer, Domingo García Ramos y David Cymet, entre otros.

Avalada inicialmente por el Colegio de Arquitectos de México, *Calli* llevaba por subtítulo "Revista analítica de arquitectura contemporánea"; con ello los editores de sesenta y cinco números, entre 1960 y 1974, buscaban definir su principal preocupación: evaluar el quehacer arquitectónico en México, por medio de una crítica real y sistemática de las obras presentadas. Aunado a esto, el cuerpo de la publicación ofrece una serie de ensayos sobre diversos temas, donde destacan estudiosos como Rafael López Rangel, Alberto Hijar y Ramón Vargas Salguero así como Raquel Tibol en torno a los artistas del siglo XX. Se puede agregar que ciertos números, por ser monográficos presentan un interés especial, tanto los que versan sobre géneros como los que lo hacen sobre un arquitecto en particular.

Por esa misma época la Dirección de Arquitectura del INBA, bajo la dirección de Ruth Rivera y con la colaboración editorial de Salvador Pinoncelly y Ramón Vargas Salguero, publicó veinte pequeños *Cuadernos de Arquitectura* sobre el acontecer arquitectónico del momento, 1960-1966. Se trata de textos fundamentales, como el dedicado a la "Teoría de Arquitectura", por José Villagrán García, a "El estilo y la Integración Plástica" por Enrique del Moral, o a la "Filosofía de las estructuras" por Félix

Candela. Dentro de su gestión como director de Arquitectura y Conservación del Patrimonio Artístico, 1979-1985, Carlos Flores Marini se propuso retomar el sendero trazado por los cuadernos de feliz memoria, editando treinta y un números de los *Cuadernos de Arquitectura y Conservación del Patrimonio Artístico*. De entre ellos son de especial interés los dedicados a los arquitectos Enrique de la Mora y Carlos Obregón Santacilia, aunque se puede considerar que la aportación más significativa la constituyen los dos números dobles que presentan los "Apuntes para la historia y la crítica de la arquitectura mexicana del siglo XX", con una visión que supera vicios y lugares comunes de textos anteriores.

Un lugar aparte tiene la revista Obras, por tratarse de una publicación que se acerca con mayor interés a la ingeniería que a la arquitectura, y por su carácter comercial; sin embargo, su continuidad desde 1973 y la calidad de algunas reseñas le otorgan un sitio dentro de las publicaciones de este siglo. Dentro de este mismo caso, pero de menor duración, se pueden mencionar *Construcción Mexicana* y la revista del *IMCYC*, Instituto Mexicano del Cemento y del Concreto.

Entre 1979 y 1987, el Colegio de Arquitectos de México y la Sociedad de Arquitectos Mexicanos tornaron a su función de formar e informar al gremio con cuarenta y dos números de *Arquitectura y Sociedad*. Fundada por Alberto González Pozo, la publicación buscó tanto reseñar el quehacer de sus agremiados como servir de foro para sus preocupaciones en torno a la profesión. Cabe agregar que la mayoría de sus números está organizados monográficamente alrededor de temas centrales como salud, vivienda, turismo conservación y arquitectura del paisaje entre otros. En fechas recientes esta institución ha buscado recobrar el lazo de unión con sus agremiados con la revista *El arquitecto*, aunque esta ha pasado a ser, más bien, un órgano informativo que un ámbito de reseña o crítica arquitectónica.

La revista *Entorno*, aunque de corta vida, ocho números entre 1982 y 1989, se debe al esfuerzo decidido de Mario Schjetnan Garduño. Su relevancia proviene de la calidad de los materiales publicados y de los artículos críticos que siempre los acompañan. Dentro de esta misma tónica se encuentra *Traza*, el suplemento bimestral del periódico *Unomásuno*, que dirigieron Carmen

Bernárdez, Isaac Broid y Humberto Ricalde encabezados por Pedro Sondereguer. Tal y como reza el subtítulo "Temas de arquitectura y urbanismo", los editores se preocuparon por lograr un medio informativo que tocara asuntos de actualidad, tanto nacionales como internacionales, en un deseo de acercamiento al público en general.

En épocas recientes varias publicaciones han tratado de cubrir el campo informativo y crítico de la arquitectura mexicana. Por su continuidad debemos iniciar con *Enlace*, fundada en 1991 y con más de cien números en su haber. A pesar del esfuerzo de algunos de los editores que en ella han colaborado, la calidad de la misma deja que desear tanto por el tratamiento de algunos temas como por una cierta superficialidad; sin embargo, cabe destacar la apertura de sus miras frente a la totalidad del fenómeno arquitectónico mexicano, con la edición de tres revistas de *Reseña de Arquitectura Mexicana*. En ese mismo año se inició la publicación de *A. Arquitectura*, que vio cortada su existencia en el número dieciséis de 1996; aquí son notorios tanto la calidad de diseño y reproducción como los análisis críticos correspondientes, sin embargo, no se puede soslayar que su interés se centró sobre un segmento limitado de la producción nacional, aquel que emulaba a las corrientes vanguardistas del momento. De reciente creación, *Arquine*, ha retomado estos presupuestos en sus diez ediciones a partir de 1998, así como *Trazos*, con cuatro en su haber.

Otro de los campos en los que se han producido revistas de arquitectura en los últimos tiempos, es el de las instituciones educativas. En estos casos priva el sentido histórico de las mismas, que buscan transmitir en sus páginas las investigaciones de sus académicos, dejando un poco de lado la reseña del acontecer actual. Así, la Facultad de Arquitectura de la UNAM, ha tenido varios intentos, pero con poca continuidad sobretodo en los que se refiere a la arquitectura contemporánea, publicando inicialmente *Cuadernos de Arquitectura Docencia*, para continuar con seis números de *A M. Arquitectura Mexicana*, y en fechas recientes apareció el primer ejemplar de *Bitácora Arquitectura*. Por la calidad de sus contenidos y la constancia de su esfuerzo cabe destacar a los *Cuadernos de Arquitectura de Yucatán*, actualmente en el número diez. Dentro de otras publicaciones se puede mencionar a *Cuadernos de arquitectura latinoamericana* de la Universidad Autónoma de Puebla, *Diseño y Sociedad* de la Universidad Autónoma Metropolitana, *Hábitat* de la Universidad Autónoma de San Luis Potosí, o *Visiones* del Tecnológico de Nuevo Laredo, entre otras.

Estamos conscientes de que en la última década han existido diversos intentos con una vida más o menos efímera, como el de *Arquitectos del Noreste* y *La caja de Arquitectura* en Monterrey, *Lo actual en arquitectura* en la ciudad capital, así como otras dos publicaciones con miras específicas a un segmento del quehacer arquitectónico *Entorno Inmobiliario* y *Podio*, esta última referida a la arquitectura de interiores. Es probable entonces que omitamos aquí algunos títulos de estos intentos de reseñar el quehacer arquitectónico a lo ancho de la República Mexicana. No obstante, debemos también de agregar algunos esfuerzos personales dentro de los diarios, especialmente por continuidad y su acercamiento a un público no especializado. Es el caso de "Ámbito Tres" en el periódico *Excélsior*, así como la pluma de Gustavo López Padilla y los dibujos de Álvaro Sánchez en su suplemento cultural "El Búho", desde 1989. Por su parte Manuel Larrosa tuvo una larga colaboración en el *Unomásuno*, a partir de 1988, y semanalmente Louise Mereles Gras en el *Novedades*, entre 1992 y 1995; sin olvidar el suplemento "Casa Abierta" del diario *Siglo XXI* en Guadalajara.

Dentro de esta sumaria revisión de las publicaciones periódicas de arquitectura, ha quedado patente la diversidad y riqueza de las mismas. Si bien la continuidad parece ser el principal problema a que se han enfrentado, se puede apreciar una constancia en las diversas empresas editoriales para recoger la estafeta y mantener informado, a lo largo del siglo, al interesado en la arquitectura mexicana; asimismo, se reconoce que el reseñar el quehacer de los arquitectos tiene un lugar relevante, pero que no por ello se ha depuesto la labor de información y de análisis de los hechos mismos, sus cambios y novedades. Por todo ello resulta apropiado decir que el acontecer arquitectónico del México del siglo XX, así como el pensamiento de sus arquitectos, se encuentra contenido entre las páginas de todas estas publicaciones.

134

El Dublín del *Ulises* de James Joyce

LUZ AURORA PIMENTEL ANDUIZA

Joyce se jactó un día de haber dado en el *Ulises* "una imagen tan completa de Dublín que si algún día repentinamente desapareciera la ciudad, a partir de [su] libro pudiera reconstruírsela". Frank Budgen, "James Joyce and the Making of 'Ulysses'". Oxford, Oxford University Press, 1972, p. 69. Para todos los textos críticos citados la traducción es nuestra. Ambición la suya eminentemente realista, cuya realización textual, no obstante, es más y es menos de lo que Joyce reclamara entonces. Por lo pronto, han habido críticos que toman esto al pie de la letra y han atacado por ello al autor durante cincuenta años. J. C. Mays, por elegir a uno, afirma indignado que:

"Joyce nos presenta un Dublín visto a través de las oficinas de apuestas, de las cantinas y de los burdeles. Desconoce cómo se veía la ciudad desde Rathmines o Phisborough, de la misma manera que pasa por alto la adquisición de la tierra en Connacht y el movimiento de unificación en Ulster (...) El Dublín del *Ulises* está centrado en esa tercera parte de la ciudad, dentro del área circunscrita por los canales que era la parte más deteriorada; hace caso omiso de la belleza física y de la opulencia, cada vez mayor, de la ciudad como un todo. JCC Mays, "Some Comments on the Dublin of Ulysses", en Ulysses cinquante ans après (Paris:Didier, 1974, p. 85).

Aunque en sentido opuesto, es curioso que tanto el crítico como el jactancioso afirman que el lenguaje puede dar un "fiel" reflejo de la realidad: creencia ingenua en la identidad de las palabras y las cosas. Lo interesante es que Mays describe, sin proponérselo, una de las innumerables figuras plenas de significación del Dublín del *Ulises*, figura que se dibuja precisamente en ese "área circunscrita por los canales", aunque fuera la más deteriorada de la ciudad. Pero sobre estas formas de significación simbólica e ideológica puntualizaré más adelante. Continuemos ahora por la pendiente realista de la descripción. Frank Budgen también ha hablado de la representación de la ciudad comparándola con otros textos del mismo Joyce:

"(...) no es a manera de descripción que Dublín se crea en el *Ulises*. Hay un tesoro de delicada evocación pictórica en Dublinenses, pero de esto hay muy poco, o casi nada en el *Ulises*. Se nombran las calles pero nunca se describen. Se nos muestran casas e interiores, pero como si entráramos en tanto que conocidos y no en tanto que extraños que llegan a tomar nota de sus ocupantes y a hacer un inventario de sus muebles. Los puentes sobre el Liffey se cruzan y se vuelven a cruzar, se nombran y nada más. Entramos a restaurantes y bares como si la ciudad fuera nuestra y estos fueran nuestros puntos de reunión habituales. Las bibliotecas, las iglesias, las cortes, el gobierno municipal, las asociaciones profesionales, todo funciona ante nuestros ojos sin introducciones ni explicaciones". (Frank Budgen, op.cit., pp. 69-70).

Es indudable que una de las muchas causas del desconcierto inicial del lector del *Ulises* es la que acabamos de describir y que podríamos llamar su reticencia descriptiva. Pero de hecho, Joyce hace aquí un uso sistemático de las formas más elementales de la descripción de un objeto: el inventario y la nominación, "sin introducciones ni explicaciones", procedimiento que de todos modos crea una ilusión de que "todo funciona ante nuestros ojos". Habría que precisar, sin embargo, que el narrador no es la única fuente de información sobre la ciudad. Dublín se proyecta a partir de sus muy escuetas descripciones, es cierto, pero también se refleja y se refracta a través de la conciencia de los personajes que la recorren. Estos recorridos citadinos constituyen el centro mismo de la acción y de la significación, tanto narrativa como simbólica e ideológica, pues pocas novelas son tan "peripatéticas" como el *Ulises*.

1. Dublín vista a través de las descripciones del narrador
Soy plenamente consciente de los graves problemas que plantea la voz narrativa en el *Ulises*. ¿Se trata de uno o de muchos narradores? Se podrían interpretar estas variaciones como una especie de mimetismo narratorial: el narrador de cada episodio asume la

visión de mundo, el estilo y el repertorio léxico del personaje dominante -como es el caso de los primeros seis episodios- o bien su voz se pliega al tema principal -como ocurre en "Nausicaa" o en "Rebaños del sol". En ciertos episodios quedamos inmersos en una especie de esquizofrenia vocal -como en "Cíclopes", en el que dos timbres de voz, dos visiones de mundo se enfrentan para narrarnos lo mismo; o "Ítaca", episodio en el que el narrador se deleita en formular preguntas para luego contestarlas él mismo (¿él mismo?). La otra perspectiva, claro está, iría en el sentido de proponer un narrador diferente para cada episodio. Lo cierto es que, se trate de uno o de varios, la elección vocal en el *Ulises* es claramente heterodiegética -con excepción del episodio pseudo-dramático "Circe", y el monólogo de Molly Bloom. Desde donde se mire el/los narrador(es) de esta novela dan cuenta de lo que hace el otro, y éste es, aunque elemental, el mínimo común denominador que los unifica.

Atendamos primero al narrador como descriptor principal de Dublín. El procedimiento más insistente, hemos dicho, es el de la nominación.

Before Nelson's pillar trams slowed, shunted, changed trolley, started for Balckrock, Kingstown and Dalkey, Clonksea, Rathgar and Terenure, Palmerston park and upper Rathmines, Sandymout Green, Rathmines, Ringsend and Sandymount Tower, Harold's Cross...

[Delante de la columna de Nelson los tranvías disminuían la marcha, se desviaban, cambiaban el trole, se encaminaban hacia Balckrock, Kingstown y Dalkey, Clonksea, Rathgar y Terenure, Parque Palmerston y Rathmines superior, Sandymout Green, Rathmines, Ringsend y Sandymount Tower, Harold's Cross...].

Nombrar las calles, monumentos, iglesias, parques y cantinas es un acto que, más allá de evocar a la ciudad, la invoca. Es así como el narrador reconstruye Dublín, evocándolo e invocándolo a través de una declinación en lista de los nombres de su amueblado urbano. Pero el sentido de la ciudad ficcional es producto de la referencia; es decir, de todo el complejo de significación ya inscrito en el "texto" cultural. Podríamos incluso hablar de una verdadera relación intertextual cuyo punto de anclaje es el espacio diegético construido, y cuyo disparadero inicial es el nombre propio. Es por eso que nombrar una ciudad, aun sin describirla, es suficiente para proyectarla, ya que el nombre propio es, en sí mismo, una descripción en potencia. Se entiende entonces por qué los irlandeses, en especial, se indignan tanto frente a esta representación de Dublín: cada nombre está cargado ya de una significación cultural que se activa con sólo enunciarlo.

Así, la noción "ciudad de Dublín", en tanto que objeto visual y visualizable, ya ha sido instaurada por otros discursos: desde el cartográfico y fotográfico, hasta el literario. Es a este complejo discursivo al que también remite el nombre de una ciudad en un texto ficcional. La ciudad se convierte así en lo que Greimas ha llamado un "referente global imaginario".

Evidentemente, ese referente global se consolida gracias a transposiciones metasemióticas de todo tipo: mapas de la ciudad, tarjetas postales (...) sin contar con los innumerables discursos que se han pronunciado sobre la ciudad (...) [ese referente global] sirve de pretexto a las elaboraciones secundarias más variadas que se manifiestan bajo la forma de diversas mitologías urbanas (París Ciudad-Luz): toda una arquitectura de significaciones se erige así sobre el espacio urbano determinando, en buena medida, su aceptación o su rechazo, la felicidad y la belleza de la vida urbana o su insoportable miseria. (A. Greimas, "Pour une sémiotique topologique" en A.J. Greimas et al., Sémiotique de l'espace, Paris, Denoël/Gonthier, 1979b, pp. 40ss).

Se observan también en el *Ulises* formas descriptivas mucho más complejas de lo que Budgen sugiere y de lo que este insistente procedimiento nominal parecería indicar. Por una parte, aunque escuetas, hay descripciones vívidas de la ciudad que focalizan quizá un sólo detalle, pero es ése el que queda impreso en nuestra memoria. Como muestra basten estos botones elegidos al azar:

Under the porch of the general post office shoeblacks called and polished. Parked in North Prince's street His Majesty's vermilion mailcars, bearing on their sides the royal initials, E.R. ...("Eolo", p. 115).

[Bajo el pórtico de la oficina central del correo los limpiabotas llamaban y lustraban. Estacionados en la calle North Prince los coches bermellones del correo de Su Majestad, llevando a los costados las iniciales reales ...] (p. 147).

He crossed at Nassau street corner and stood before the window of Yates and Son, pricing the field glasses. ("Lestrigones", p. 164).

[Cruzó la esquina de la calle Nassau y se detuvo delante de la vidriera de Yates e hijos, apreciando los anteojos de larga vista.] (p. 194).

Before the huge door of the Irish House of Parliament a flock of pigeons flew ("Lestrigones", p. 160).

[Delante de la enorme puerta del Parlamento de Irlanda voló una bandada de palomas] (p. 190).

They passed under the hugecoaked Liberator's form. ("Hades", p. 92).

[Pasaron bajo la forma ampliamente encapotada del Libertador] (p. 124).

Mr. Bloom walked unheeded along his grove by saddened angels, crosses, broken pillars, family vaults ... ("Hades", p. 111).

[El señor Bloom caminó inadvertido a lo largo de los árboles, pasando ante ángeles entristecidos, cruces, columnas quebradas, bóvedas de familia ...] (p. 142).

No hay aquí una descripción más o menos detallada del lugar, ni una visión de conjunto; simplemente se nombra el lugar, y se aísla un detalle: la enorme capa de la estatua de Daniel O'Connell, por ejemplo, sin que se la ubique, ni se den perspectivas detalladas del monumento, la calle en que se encuentra, la relación espacial de ésta con respecto a otras calles, etc., procedimientos de la descripción realista, todos ellos, a los que nos habían acostumbrado un Dickens o un Balzac.

Más allá del detalle minuciosamente descrito, encontramos también interesantes proyecciones semántico-sintáctico-auditivas de la ciudad; el episodio "Sirenas" es un ejemplo extremo. Pero no hay sino recordar la forma en que se describe la actividad de la cervecería Guinness para "oír" lo que ocurre en Dublín.

Grossbooted draymen rolled barrels dullthudding out of Prince's stores and bumped them up on the brewery float. On the brewery float bumped dullthudding barrels rolled by grossbooted draymen out of Prince's stores. ("Eolo", p. 115).

[Carreros de toscas botas hacían rodar opacosonantes barriles que resonaban opacamente desde los almacenes Prince y los tiraban en la chata cervecera. En la chata cervecera tiraban desde los almacenes Prince opacosonantes barriles hechos rodar por carreros de toscas botas] (p. 147).

Aquí ya estamos muy lejos del afán realista de la representación, pues la evocación depende no ya del referente sino de combinaciones fonéticas especiales y de variaciones sintácticas que el sistema de la lengua ha codificado. Lejos también de la descripción realista, y en los confines del horizonte simbólico del *Ulises*, se encuentran las innumerables descripciones metafóricas de la ciudad que están a cargo del narrador. Por ejemplo, en una sección del episodio "Eolo", significativamente intitulada "Un cortejo callejero" ("A street cortege"), Bloom es descrito, al salir de las oficinas del periódico, desde la perspectiva de otros dos personajes que lo miran desde la ventana:

--(...) *Look at the young scamps after him.*
--*Show. Where? Lenehan cried, running to the window* (...)
Both smiled over the crossblind at the file of capering newsboys in Mr. Bloom's wake, the last zigzagging white on the breeze a mocking kite, a tail of white bowknots. (p. 128).

[--(...) Miren a esos pillos detrás de él.
--¿Dónde? A ver...-- gritó Lenehan, corriendo a la ventana. (...)
Ambos observaron sonriendo desde la persiana la fila de traviesos canallitas a la zaga del señor Bloom, el último de ellos haciendo zigzaguear blanco en la brisa un papalote burlón, cola de nudos blancos.] (p. 160).

Es interesante que, en esta ocasión, el narrador someta a Bloom y a los periodiqueros –hermanos de aquellos boleros frente a la oficina general de correos que tan escuetamente han sido descritos – a un tratamiento retórico que los transforma en una figura muy compleja cuya significación proyecta, estereoscópicamente y a un tiempo, un papalote y un barco. Porque se pueden leer en esta descripción, simultáneamente, dos metáforas, una menos explícita que la otra. En el nivel que pudiéramos llamar denotativo, o no metafórico de la descripción, se trata simplemente de un hombre caminando por la calle seguido de varios periodiqueros, con sus diarios bajo el brazo, saltando y haciendo piruetas en el aire ("capering"), en son de burla. La descripción propone como metáfora explícita la del papalote ("kite"). En la metáfora del papalote, el grado construido aparece manifiesto en estructura de símil: Bloom seguido de los niños es como un papalote al viento. La segunda metáfora es mucho más abstracta, ya que se da en un término ausente –barco/navegación– que hay que construir a partir de la palabra "wake", verdadero disparadero de esta segunda metáfora: Bloom se aleja como un barco que al navegar deja una estela ("wake") de espuma. El contexto marino se activa entonces con "wake" cuyo primer significado como lexema nominal concreto es precisamente el de la estela que deja tras de sí un barco. El gozne que articula las dos metáforas es la palabra "wake". Son muchos los significados de "wake", entre los que podemos destacar "despertar"; "vigilia", "funeral", "estela", "rastro"; "a la zaga", cuya compleja constitución semántica permite la activación de ambas metáforas de manera simultánea. Uno de los significados de "wake" /a la zaga/, en conjunción con "breeze", "kite" y "tail…" activa el contexto aéreo permitiendo la lectura de una primera metáfora; pero el otro significado de "wake" /estela que deja un barco/, en conjunción con "breeze" y con el tema general propuesto por el nombre del episodio "Eolo" (v.g. Ulises zarpando de la isla de Eolo con los vientos aprisionados en una bolsa), activa la lectura de la segunda metáfora: Bloom = barco, y por deslizamiento metonímico: Bloom = Ulises, el marino. A través de una doble metáfora, el texto de Joyce entronca de manera oblicua con el de Homero.

Así, las descripciones metafóricas de la ciudad –al igual que la vasta pero sutil, red de alusiones– responden casi siempre a este afán de tender un puente entre el texto del *Ulises* y su sombra, la *Odisea*. En el momento en que el narrador deja de apoyarse en la sola referencia, cuando, en otras palabras, se aleja del recurso básico del nombre propio y del inventario de objetos o lugares para proyectar la imagen de la ciudad, en ese momento entramos en la dimensión simbólica de Dublín que como un palimpsesto revela la topografía de la *Odisea*. Incluso tras ese mismo procedimiento nominal, tan inocente en apariencia, se ocultan figuras llenas de significación. Precisamente porque el narrador se niega a darnos "introducciones o explicaciones", y más allá del simple efecto realista de crearnos la ilusión de que "entramos a restaurantes y bares como si la ciudad fuera nuestra", la insistencia obsesiva en los nombres de calles y monumentos constituye una invitación tácita al lector para que salga del texto, una invitación a que se construya aquel "referente global imaginario" del que ha hablado Greimas. Porque evidentemente no basta con reconocer el monumento o la calle nombrados, y esto no es suficiente debido, entre otras cosas, a su insistente presencia en serie. De tal manera que ese referente global imaginario ha de construirse, no tanto en el estricto reconocimiento del monumento en un recorrido físico por la ciudad, sino en una proyección de la serie sobre un mapa. Al hacerlo las sorpresas son enormes: toda una dimensión narrativa y simbólica de la novela aparece nítidamente como si fuese un negativo que se hubiera "revelado". Así, por ejemplo, al mirar trazado sobre el mapa el itinerario de las deambulaciones de Bloom en "Lotófagos", los nombres mismos de las calles se convierten en un negativo que revelado nos da un perfil psicológico de Bloom: incómodo por su relación clandestina-epistolar con Martha Clifford, irracional e irrazonablemente, Bloom se siente espiado y perseguido y, por tanto, toma sus precauciones, llegando a la oficina de correos donde le espera una carta de Martha por los caminos más laberínticos, para despistar así a un posible perseguidor. De paso nosotros, los lectores, quedamos despistados, a menos que llevemos a cabo esta interesante transposición metasemiótica, pues nada de esto es aparente en el texto que no ofrece sino un simple inventario de los nombres de las calles.

De la misma manera, el narrador nos despista en varios episodios, abusando de lo que él sabe será un efecto de lectura inevitable: la presuposición de que una contigüidad textual refleja, necesariamente, una contigüidad en la referencia. Así quedamos engañados en el episodio "Nausicaa" pensando que la iglesia en la que el padre Conroy celebra la misa está cerca, si no es que contigua, de la playa donde se encuentran Bloom y Gerty. Una proyección sobre el mapa de los lugares nombrados nos dice lo contrario: que es una distancia considerable la que los separa, y que lo único que ha ocurrido es un montaje espacial en el texto, mismo que configura una nueva ciudad ficcional con su propio espacio textual.

En el episodio "Rocas flotantes" nuestra situación de lectura es aún más peligrosa, pues no sólo se nos despista sino que el narrador deliberadamente hace que nos perdamos en un laberinto de falsas contigüidades. Al ir desenredando sobre el mapa, *more Ariadna*, el hilo de las calles nombradas, descubrimos algo que bien podríamos llamar la "ideografía" del *Ulises*. En ella cobra sentido aquella zona circunscrita por los canales que tanto ofende a Mays: la figura que trazan los canales evoca una especie de mediterráneo fantasmagórico, poblado con los caóticos desplazamientos de todos los personajes, pero bien segmentado por itinerarios que articulan significaciones de orden simbólico e ideológico.

Ya en el episodio de "Hades" se había trazado, a partir de la serie de calles nombradas, una especie de coordenada de la muerte, al hacer que el cortejo siguiera una ruta especial que obliga a los dolientes a cruzar cuatro puentes sobre los ríos y canales que atraviesan Dublín, revelando así, en palimpsesto mítico, los cuatro ríos del Hades, y dejando a la propia Irlanda —en los confines del antiguo mundo occidental— en la exacta posición del Hades. Ahora en el episodio literalmente central del libro (el número 10, de 18), se traza la coordenada de la vida: el río Liffey por el que flota un volante que anuncia la llegada de Elías. A lo largo de toda la novela, y de manera aún más evidente en *Finnegan's Wake*, el río Liffey lleva siempre en sus aguas una significación de vida y cambio. El hecho de que sea la trayectoria del volante lo que nos dé esta línea continua sobre el río es, al mismo tiempo, de una gran ironía —pues es el río de la vida contaminado con la basura de la vida— y de un simbolismo burlesco, pues el advenimiento de Elías, por serio que suene, no es sino la presunción de un gringo loco:

Are you saved? ... Elijah is coming. Dr. John Alexander Dowie, restorer of the church in Zion, is coming ("Lestrígones", p. 149).

[¿Está usted salvado? ... Elías viene. El doctor John Alexander Dowie, restaurador de la iglesia de Sión llega.] (p. 179).

A esta dimensión mítico-burlesca del volante Elías se apareja la dimensión plenamente ideológica de este episodio, la cual queda articulada por los trayectos en contrapunto, tanto textual como temporal, del virrey y del padre Commee: la iglesia y el estado parecen caminar no sólo con un desfasamiento temporal —principio y fin del episodio— sino en sentido opuesto —norte y sur de la ciudad. A diferencia de los desplazamientos de todos los demás personajes que se entrecruzan constantemente —aunque con frecuencia se trate de falsos encuentros, ya que ese entrecruzamiento es producto únicamente de la contigüidad textual– los caminos del virrey y del sacerdote no se cruzan jamás. No obstante, hay un punto de coincidencia: el Este.

Los puntos cardinales en la obra de Joyce tienen siempre un fuerte valor ideológico; no hay sino recordar el valor de muerte y de origen de la cultura gaélica que tiene el oeste de Irlanda en "Los muertos". En oposición al oeste que resumiría en paradoja tanto lo auténtico de Irlanda como lo fanático y provinciano, se erige el este –el continente europeo– como figura de liberación para el incipiente artista, como el mundo cosmopolita que los irlandeses nacionalistas desprecian, pero también como el centro del poder eclesiástico y político: al este de Irlanda está París, sí, pero también Roma y Westminster. Así, la ruta que siguen los poderes civiles y eclesiásticos en Irlanda es una que abandona a los irlandeses para ir a servir al rey y al papa.

Es interesante hacer resaltar en este punto que, además de las rutas de la vida y de la muerte, los itinerarios del sacerdote y de la cabalgata virreinal son los únicos que, de manera muy significativa, salen del área circunscrita por los canales. Igualmente significativo resulta el hecho de que los tres primeros episodios, dedicados a Stephen Dedalus, se sitúen también fuera de esta zona y con una simbólica "orientación" (y valga la redundancia) al oriente. Lo mismo –y no es in-significante este otro punto de coincidencia– ocurre con Bloom en el episodio "Nausicaa". Bloom y Stephen, los desarraigados; fuera del área circunscrita por los canales, fuera de la zona de acción y de influencia de los dublinenses que pueblan esta simbólica ciudad de ficción: hermosa figura del desarraigo y del exilio la que nos dibuja la topografía del *Ulises* transpuesta al mapa.

2. La ciudad de Dublín reflejada y refractada en la conciencia de los personajes
La segunda fuente de información sobre Dublín, hemos señalado, es la conciencia de los personajes, que con frecuencia opera como mero reflector. Por ejemplo, cuando camino al cementerio Bloom pasa por la calle en la que vive, su mente simplemente registra esa sección de la ciudad, aun en medio de otros reflejos de la cultura urbana, tales como canciones, slogans publicitarios, etc.

As they turned into Berkley street a streetorgan near the Basin sent over and after them a rollicking rattling song of the halls. Has anybody here seen Kelly? Kay ee double ell wy. Dead march from Saul. He's as bad as old Antonio. He left me on my ownio. Pirouette! The Mater Misericordiae. Eccles street. My house down there. Big place. Ward for incurables there ... Where old Mrs Riordan died. ("Hades" p. 96).

[Al dar vuelta en la calle Berkeley, cerca de la Cuenca, un organillo callejero envió hacia ellos, persiguiéndolos, un travieso canto retozón de café-concierto. ¿Ha visto alguien aquí, Kelly? Ka e elle i griega. Marcha fúnebre de Saul. Es tan malo como el viejo Antonio. Me dejó en mi propicio. ¡Pirueta! La Mater Misericordia. Calle Eccles. Por ahí mi casa. Gran lugar. Pabellón para incurables ... Donde murió la vieja señora Riordan.] (p. 127).

La conciencia de Bloom, de manera mucho más fluida que la de Stephen, es un buen conductor de imágenes urbanas; por ella sabemos en qué parte de la ciudad estamos y qué es lo que ahí ocurre, aunque después el reflejo se haga trizas en asociaciones que a veces nos es ya muy difícil seguir. En el pasaje citado oímos la canción acerca de Kelly porque queda impresa en la conciencia de Bloom, aunque se mezcla inmediatamente con la asociación que él establece entre la canción y otros espectáculos del "music hall" a los que ha asistido y de donde provienen, con toda seguridad, tanto el recuerdo de la marcha de Saul como el humorismo barato de Antonio que lo ha dejado "on [his] ownio". El "fiel" reflejo es también origen de todo tipo de refracciones temporales, como el recuerdo de que en el hospital por el que está pasando el cortejo fúnebre murió la señora Riordan, a quien nosotros conocemos desde *El retrato del artista adolescente*.

En ocasiones, el reflejo es un punto de articulación intertextual que nos permite oír otras voces, a veces distorsionadas por el choque de contextos incompatibles. Tal es el caso, por ejemplo, de ese monumento nacional que es el poeta irlandés de fines del siglo XVIII, Thomas Moore, a quien los irlandeses aún hoy en día veneran. Al pasar por el College Green, la estatua de Moore aparece en la conciencia de Bloom:

He crossed under Tommy Moore's roguish finger. They did right to put him up over a urinal: meeting of the waters. Ought to be places for women. Running into cakeshops. ("Lestrigones", p. 160).

[Cruzó bajo el pícaro dedo de Tomasito Moore. Hicieron bien en ponerlo encima de un orinal. Confluencia de las aguas. Tendría que haber lugares para las mujeres. Entran de una corrida en las pastelerías.] (p. 190).

Es materialmente corrosivo el contexto urinario en el que Bloom evoca el delicado lirismo del poema de Moore, "The Meeting of the Waters". Y es que son verdaderamente otras las aguas que aquí convergen. Para mayor fuerza en la confrontación intertextual, no hay sino traer un fragmento de aquel lacrimoso poema:

There is not in the wide world a valley so sweet
As that vale in whose bosom the bright waters meet;
Oh the last rays of feeling and life must depart,
Ere the bloom of that valley shall fade from my heart

Habría que recordar que Moore era famoso también por sus lamentos a la antigua civilización gaélica, aunque estos son tan lacrimosos como sus bucólicas celebraciones de la naturaleza de Erin.

No more to chiefs and ladies bright
The harp of Tara swells:
The chord, alone, that breaks at night,
Its tale of ruin tells ...

No es de sorprender entonces el encono con el que responden los irlandeses a estos actos "sacrílegos" de Joyce.

La ciudad que se refleja en la conciencia de los personajes es prolija en detalles, localizable en el aquí y ahora del 16 de junio de 1904. Pero la conciencia humana existe en y por el tiempo, y es en ella y a través de ella que se va perfilando a lo largo de la novela la presencia histórica y no meramente topográfica de la ciudad. En Stephen los recorridos por la historia de Irlanda casi obliteran la presencia física de la ciudad, que para él no es sino un conjunto de signos a descifrar, como aquellos que escribe el mar sobre las playas de Sandymount: "Signatures of all things I am here to read, seaspawn and seawrack..." ("Proteo", 38). Con Stephen, ingresamos en los laberintos de la historia; perdido en sus "abstrusiosidades medievales", el lector acaba, como Stephen, tejiendo la historia en el viento –"Weave, weaver of the wind ("Nestor", p. 26).

Menos laberínticos, sino es que igualmente míticos, son los fragmentarios recorridos por la historia de Irlanda que tienen como su punto de partida y de arribo el reflejo de la ciudad aquí y ahora. Bloom, al pasar por el proyectado monumento a Parnell evoca todo el escándalo que llevó a la muerte del rey irlandés nunca coronado: "Foundation stone for Parnell. Breakdown. Heart" ("Hades", p. 94) [Piedra de base para Parnell (p. 126)]. Más elocuente, por tener algunas ginebras por musas, es la evocación que nos hace Tom Kernan de la muerte de Robert Emmet en 1803. Claro que la ebria musa de Kernan nos ofrece todos los escabrosos detalles de un relato casi gótico. Pero ese relato no es creación suya sino fiel reflejo de aquel que la leyenda popular ha tejido alrededor del mítico héroe irlandés:

Good drop of gin, that was. His frocktails winked in bright sunshine to his fat strut.
Down there Emmet was hanged, drawn and quartered. Greasy black rope. Dogs licking the blood off the street when the lord lieutenant's wife drove in her noddy.
Let me see. Is he buried in saint Michan's? Or no, there was a midnight burial in Glasnevin. Corpse brought in through a secret door in the wall. ("Rocas flotantes", p. 237).

[Buena gota de ginebra fue ésa. Los faldones de su levita guiñaban en la brillante luz del sol a su gordo contoneo.
Ahí fue ahorcado Emmet, destripado y descuartizado. Grasienta soga negra. Los perros lamían la sangre de la calle cuando la esposa del virrey pasó en su berlina
Veamos. ¿Está enterrado en Saint Michan? O no, hubo un entierro a medianoche en Glasnevin. Entraron el cadáver por una puerta secreta en la pared.] (p. 265).

El Dublín del *Ulises* es una ciudad y muchas a la vez, a través de los nombres de sus calles, edificios, monumentos y parques, la ciudad de ficción se calca sobre la real; la sola referencia crea la ilusión de que, en efecto, si la ciudad llegara a desaparecer algún día, por el milagro de la ficción podría reconstruirse fielmente la realidad. Pero la obsesión del narrador por los nombres proyecta sobre el mapa figuras significantes que surgen de esta transposición semiótica; el mapa mismo se nos convierte en la ideografía de la ciudad, y, por el bies de la figura retórica y la alusión, ahí, sobre el perfil de la ciudad calcada, se mira como una fantasmagría el escenario de la *Odisea*. Más aún, en la voz misma del narrador que construye esta ciudad se oyen también infinidad de otras voces que le han dado cuerpo a Dublín; "Los rebaños del sol" es quizá un ejemplo extremo de esta caja de resonancias que es el *Ulises*, pero toda la novela es una constante travesía de voces: por la voz resucita, por ejemplo, la de la novelista irlandesa del siglo XIX, Lady Morgan, quien le diera a la ciudad esa forma aliterativa del amor por su mugre que Joyce comparte con ella: "Dear Dirty Dublin".

Mas si el narrador construye una ciudad que es a la vez intertexto, reflejo, transposición semiótica, figura retórica y realidad textual que es sólo el producto de esos montajes espaciales tan fielmente aprendidos al Flaubert de los comicios agrícolas en Madame Bovary; si la ciudad —en pocas palabras— aparece como una entidad física, tanto real como simbólica, es a través de la conciencia de los personajes que Dublín vive en el tiempo. Reflejo y refracción, la ciudad de ficción adquiere, en y por la conciencia, esa cuarta dimensión tan cara a Proust: el tiempo. Tiempo de la historia de Irlanda, tiempo de la historia personal de los seres de ficción que la pueblan, el Dublín del *Ulises* es una ciudad localizable en la topografía del mundo, reflejo y refracción, pero es también incesante devenir: una entidad plenamente narrativa, un ser en el tiempo.

Bibliografía
James Joyce, Ulysses. New York: The Modern Library, 1934.
JCC Mays, "Ulysses cinquante ans après", Paris: Didier, 1974.
Salas Subirat, "James Joyce, Ulises", Buenos Aires: Santiago Rueda, 1972.

150

¿Es la arquitectura un arte?

MILENA QUINTANILLA CARRANZA

Si entendemos al arte como una "manifestación comunicativa de la actividad humana mediante la cual se expresa una visión personal que interpreta lo real o imaginado, o en general una visión del mundo por medio de recursos plásticos, lingüísticos, sonoros o mixtos" [1], no podemos reducir su estudio a la estética, pues ésta analiza en general "la esencia de lo bello" [2] siendo este último, un concepto subjetivo que no puede equipararse entre una corriente artística y otra, ya que sus principios responden a un contexto al que muchas veces somos ajenos y deberíamos estudiar, vivir y comprender desde lo más profundo a fin de calificarlo como *bello*.

Sin embargo, recurriendo las teorías de Kant, en su *Critica del juicio*, éste define a la estética como "la rama filosófica que estudia e investiga el origen del sentimiento puro y su manifestación, que es el arte" [3]. De esta manera, el filósofo interpreta a la estética como la disciplina cuyo objetivo primordial es la reflexión sobre el arte, pues analiza filosóficamente los valores que en éste se encuentran contenidos.

Partiendo de esta definición kantiana, bien podemos incluir a la arquitectura como una de las artes, pues su historia y sus manifestaciones morfogenéticas [4], (así llamadas por W. Worringer en *La esencia del gótico*) son testigo de cómo se le ha dado sentido al mundo a través del tiempo, entendido como presencia "única" y exteriorización genuina de la cultura, los anhelos, las creencias, los mitos, las tradiciones y toda la espiritualidad de una cultura que habita en un determinado momento histórico, espacial y temporal. Es así como la comprensión y la historia de la arquitectura tiene que estar "fundada desde sus propios supuestos" [5], entendiendo que "la voluntad de forma que revela la arquitectura surge de necesidades humanas y de la voluntad de forma que se reflejó en su tiempo, desde el más pequeño pliegue de un traje con la misma fuerza y evidencia que en las grandes catedrales" [6]. Así, entendemos que hay voluntades que consciente o inconscientemente se manifiestan en todas las expresiones de la vida.

Pensemos, por ejemplo, en las primeras manifestaciones de la arquitectura hace unos nueve mil años, las cuales tuvieron lugar en cuanto se empezó a cultivar la tierra de manera regular, permitiendo al ser humano pasar de estado nómada a sedentario. Sabemos que este acontecimiento tuvo lugar más o menos simultáneamente en las orillas del Nilo y en el Creciente Fértil, en lo que hoy conocemos como Egipto, Israel, Iraq e Irán. Los habitantes de estas zonas, edificaron primeramente sus casas permanentes, cubriendo con ello la necesidad de cobijo. Sin embargo, los santuarios, templos y palacios fueron unas de las primeras manifestaciones arquitectónicas que se construyeron, lo que no hubiera sido posible, si se subestima lo que Worringer nombra la *voluntad artística* [7] del ser humano primitivo; así como también sus ideales, sus creencias, sus mitos y tradiciones.

Retomando la historia de las primeras civilizaciones, encontramos que éstas eran gobernadas por sacerdotes y monarcas. "Los sacerdotes se encargaban de interpretar la voluntad de un panteón de dioses que –según se creía–, tenían el poder de hacer que la tierra fuera generosa" [8]; pero este fenómeno mítico, no podía ocurrir en cualquier sitio, sino que se requería de un espacio con características o propiedades especiales, en las cuales un suceso sobrehumano pudiera acontecer. Heidegger en sus reflexiones sobre el ser, nos explica que la existencia no puede ocurrir más que un espacio; es decir, somos y habitamos al mismo tiempo, esto es y siempre ha sido una dualidad indisoluble; de aquí se deriva el concepto del "Ser ahí en el mundo" (*Dasein*) [9]. De este modo, el mágico acontecimiento ocurría en el espacio apto: los templos. En esta dinámica se diseñan y se construyen los *zigurats*, a manera de pirámides que se desarrollaron verticalmente mediante plataformas que intentan alcanzar el cielo, y que estaban dedicadas a los dioses que regían su sistema de creencias, y gracias a los cuales, se admitía que se generaran las condiciones de vida y los fenómenos naturales en el mundo. ¿Cómo negar en aquel momento la razón de ser de tanto esfuerzo y dedicación?

Otra expresión muy evidente de la morfogénesis la encontramos en el antiguo Egipto, donde la arquitectura se desarrolló durante un largo periodo de tiempo (aproximadamente unos tres mil años). Recordemos que en esta cultura el sistema de creencias estaba regido por los ciclos y el caudal del río Nilo, pues éste era fuente principal de la cosecha y desarrollo de la vida de aquella sociedad. Cuando el caudal del río bajaba, los agricultores y jornales tenían poco que hacer, por lo que durante esta temporada la mano de obra se dedicaba a trabajar en los majestuosos monumentos que en nuestros días, después de casi cinco mil años de ser erigidas, siguen en pie y continúan siendo maravillas dignas de admiración. Pero nuevamente, la razón de ser del arduo trabajo y prolongado tiempo que significó su construcción se origina en un ideal, un anhelo de trascendencia hacia lo intangible, hacia lo que no se puede explicar con palabras ni con objetos, pero que indudablemente cohesionaba a aquella remota comunidad.

En este sentido, no podemos estudiar la morfogénesis de las pirámides ni su valor artístico sin antes comprender este portento, pues en ello estriba su radical diferencia con relación a otras manifestaciones arquitectónicas desarrolladas en otros tiempos y en otros lugares cuyas condiciones fueron sumamente distintas.

Podríamos continuar con una multiplicidad de ejemplos arquitectónicos desde el África antigua, pasando por el mundo de la Grecia clásica, romana, la arquitectura del Imperio de Oriente, el Gótico, el Renacimiento o el Barroco, hasta las manifestaciones más contemporáneas de la arquitectura, inclusive; y en todas, podríamos reparar que cada una surgió de "necesidades históricas humanas" [10] muy especificas y pertinentes a su contexto socio-histórico, filosófico y además espiritual [11]; pero también de voluntades si consideramos la máxima siguiente: "se ha podido todo lo que se ha querido, y lo que no se ha podido es porque no estaba en la dirección de la voluntad artística" [12].

Worringer nos comparte otras reflexiones que vale la pena meditar. Dice que no podemos considerar el arte pasado tan sólo por la evolución de su técnica traducida en capacidad artística, pues esta última, no es origen ni motivo sino resultado de la voluntad artística.

"Cuando consideramos el arte pasado creemos percibir una diferencia notoria entre la voluntad y la capacidad; pero realmente esa diferencia no es sino la diferencia entre nuestra voluntad artística y la voluntad de la época pretérita". [13] (Wilhelm Worringer, 1942).

Es decir, la diferencia entre las manifestaciones arquitectónicas en la historia proviene de lo que se anhela, pues esto determina lo que se puede. Sobre esta base, consideramos que trascender la condición única de belleza es uno de los fines que debe atender la arquitectura en nuestros tiempos, pues ésta tiene razones de carácter utilitario, semiótico, espiritual e incluso hasta ético; que superan a lo estético –y a lo espectacular–. La concepción y construcción de obras arquitectónicas que no se plantea estas cuestiones, resulta mera edificación y no logra trascender, construirse en el real sentido de la palabra [14].

De este modo puede concluirse que arte y arquitectura son una misma cosa si atendemos a sus fines y a su esencia. Mi opinión es que desde nuestra disciplina, en este caso particular, la arquitectura, nos es vital plantearnos estas preguntas por el origen y la condición artística de los objetos urbano-arquitectónicos artísticos, ya que antes de poder construir, tenemos la responsabilidad de sentar las bases para que nuestro entorno espacial sea cada vez más artístico, en el sentido de que los diseños urbano-arquitectónicos sean capaces de interpretar las necesidades humanas históricas y expresar las voluntades artísticas de nuestra sociedad en los espacios, así como también nos es urgente la comprensión de la cosmogonía de la comunidad para la cual serán concebidos, para con ello lograr que los seres humanos puedan identificarse con su entorno, puedan congregarse en los espacios, puedan convertirse en lugares entrañables para ellos, y sentirse más humanos, aquí, en el mundo que nos acoge.

Nota
1. AA.VV., *Enciclopedia del Arte Garzanti*. Ediciones B, Barcelona, 1991.
2. Worringer, W., *La esencia del gótico*, Distrito Federal, México: FCE, 1942. Pp. 13 y 14.
3. Kant, I., *Crítica del juicio*, Traducción de Manuel García Morente, Madrid España: Tecnos, 2007.

4. Para Wilhelm Worringer en su libro *La esencia del gótico*, óp. cit., las manifestaciones morfogenéticas, son aquellas que impulsan la necesidad de expresarse formalmente en los estilos y su evolución, manifestándose en cambios cuya regularidad se hallan en la relación entre el ser humano y el mundo exterior (relación llena de variantes).
5. Worringer, óp. Cit. pp. 9-28.
6. Ibídem, p.13.
7. Ibídem, p.15, Worringer explica a la voluntad artística como expresión de los valores internos de una corriente artística, la cual denota que a lo largo de la historia del arte.
8. Glancey, J., *Historia de la arquitectura*, Distrito Federal, México: Planeta DK, 2000, pp. 9-21.
9. Heidegger, M., *El Ser y el tiempo*, México, D.F.: FCE, 1971.
10. Worringer, W., óp. Cit., pp.19-28.
11. Entiéndase *espiritual* en el sentido relacionado con lo inmaterial, profundo y esencial del ser humano, y no en el sentido espectral o fantasmal.
12. Worringer, óp. Cit. p.15.
13. Ídem.
14. Heidegger, en su ensayo *Construir, habitar, pensar*, analiza el origen de la palabra "construir" en su idioma alemán: *bauen*. El término se origina de la palabra "bin", que significa "soy". Luego, el modo como tú eres, yo soy, la manera según los hombres somos en la tierra es el "buan", el habitar. De este modo, nos devela que nuestro estado existencial primitivo ya significa en sí habitar. El "bauen" se despliega además en el construir como edificar ("aedificare" en latín). El sentido propio del construir, a saber, el habitar, ha caído en el olvido con el paso del tiempo.

Bibliografía
AA.VV., *Enciclopedia del Arte Garzanti*. Ediciones B, Barcelona, 1991.
Glancey, J., *Historia de la arquitectura*, México, D.F.: Planeta DK, 2000.
Heidegger, M., *El Ser y el tiempo,* México, D.F.: FCE, 1971.
_____, *Habitar, construir, pensar*, Traducción de Eustaquio Barjau en Conferencias y artículos, España: Barcelona: Serbal, 1994.
Kant, I., *Crítica del juicio,* Traducción de Manuel García Morente, Madrid España: Tecnos, , 2007.
Worringer, W. *La esencia del gótico*. Fondo de Cultura Económica. México D.F., 1942.

Sobre los autores

Irene Artigas Albarelli
Maestría en Literatura Comparada en la Facultad de Filosofía y Letras de la UNAM. A punto de terminar el Doctorado en Literatura Comparada, también en la Facultad de Filosofía y Letras de la UNAM (2003), con una investigación sobre la ecfrasis (las representaciones verbales de representaciones visuales) en el siglo XX. Estancia de investigación en la Universidad Católica de Leuven, en Bélgica. Participación en Congresos de Literatura Comparada en las Universidades de Yale y Colorado, en los Estados Unidos, y en la de San Juan, en Puerto Rico. Participación en el congreso de la Asociación Internacional de Estudios de América en Leyden, Holanda, además de en varios eventos en diferentes universidades nacionales. Entre otras, traducciones diversas del inglés para el Programa Universitario de Estudios de Género. Actualmente imparte materias de traducción y teoría literaria en el Colegio de Letras Modernas, de la UNAM, y una materia en la que se estudia la relación entre la literatura y las artes plásticas en el Posgrado en Letras de la Facultad de Filosofía y Letras, también en la UNAM.

José Luis Cabrera Lelo de Larrea
Doctor en Arquitectura por la Universidad Nacional Autónoma de México, se gradúa en el 2005 con la tesis doctoral: Interior-exterior. Binomio espacial en revisión.

Claudio Daniel Conenna
Arquitecto ítalo-argentino, nacido en Tandil-Buenos Aires-Argentina, (1959), graduado en la Facultad de Arquitectura y Urbanismo de la Universidad Nacional de la Plata, Argentina/1984. Ph.D. en el Politécnico de la Universidad Aristóteles de Tesalónica-Grecia/1999. Es arquitecto proyectista en diferentes estudios, trabaja independientemente en Argentina y en Grecia. Dentro de sus actividades académicas; es docente de Diseño Arquitectónico e Historia de la Arquitectura en la Facultad de Arquitectura y Urbanismo de la Universidad Nacional de la Plata, Argentina (1985-93). Es Docente de Diseño Arquitectónico y Teoría de la Arquitectura en la Facultad de Arquitectura de la Universidad Aristóteles de Salónica en Grecia (2001- hasta la actualidad). Cuenta con diversas publicaciones, como 40 artículos, aproximadamente

sobre los diferentes edificios y arquitectos de la arquitectura contemporánea, su obra consta de los libros: *Arquitectura Griega monástica, una propuesta orgánica* (2007) y *Dibujos en la arena, los proyectos no realizados* (2009). Tiene dominio del español, inglés, italiano y griego.

Efigenia Cubero Barroso

Nacida en Granja de Torrehermosa, Badajoz, ha realizado estudios de Historia del Arte y de Lengua y Literatura en Barcelona, ciudad en la que reside desde la niñez. Es desde hace años corresponsal de *Revistart* (Revista de las Artes) y autora de los libros de poesía, "Fragmentos de exilio", "Altano", "Borrando Márgenes" (prólogo de Manuel Simón Viola); La mirada en el limo; "Estados sucesivos" (Architecthum Plus, México, 2008), con prólogo de Federico Martínez; "Condición del extraño" (La Isla de Siltolá, 2013) con estudio preliminar de Jesús Moreno Sanz; "Punto de apoyo" (Luna de Poniente, 2014) y también, junto al pintor Paco Mora Peral, del "Libro de Artista Ultramar", y "Desajustes", en el número 2 de la Colección de Poesía 3X3 dirigida por Antonio Gómez y en libros como: José María Valverde Imatges i Paraulas (Universidad de Barcelona); "La narración corta en Extremadura. Siglos XIX y XX". Badajoz, Departamento de Publicaciones, col. "Narrativa" (tres tomos). "Meditations", libro publicado en inglés, editado en Birmingham. "Ficciones. La narración corta en Extremadura a finales de siglo" (prólogo e introducciones de Manuel Simón Viola). "Paisatges Extranyats" ("Paisajes extrañados") Edición del Departamento de Publicaciones de la Universidad de Barcelona), "Escarcha y fuego: La vigencia de Miguel Hernández en Extremadura"; "Peut ce vent", serie de poemas para la exposición multidisciplinar "Lo nunca visto" (traducidos al francés por Alain R. Vadillo) entre otros. Y en revistas, por citar sólo algunas, como *Mitologías, Alga, Siltolá, Norbania, Letralia, Arquitectura y Humanidades*, etc.

Ha participado como ponente en Congresos Nacionales e Internacionales y publicado numerosos ensayos en diversas publicaciones de España y América. Parte de su obra ha sido traducida al francés, inglés y portugués.

Jorge Gorostiza López
Arquitecto, proyecta y construye edificios y desarrolla trabajos de urbanismo. Publica numerosos artículos sobre cine y arquitectura en revistas y en varios volúmenes colectivos. Autor de, entre otros libros: "Cine y arquitectura" (1990), "Peter Greenaway" (1995), "Directores artísticos del cine español" (1997), "La imagen supuesta" (1998), "Constructores de quimeras" (1999), "La arquitectura de los sueños" (2001), "Blade Runner" (2002) y "David Cronenberg" (2003), estos dos últimos con Ana Pérez, así como La profundidad de la pantalla, arquitectura + cine (2007). Dirige la Filmoteca Canaria. Keynote Speaker en Inter[sections] en Oporto (2013). Imparte conferencias sobre arquitectura y cine en numerosas instituciones y universidades, asimismo, ha sido jurado en muchos festivales cinematográficos y comisario de exposiciones.

María Elena Hernández Álvarez
Nació en la Ciudad de México. Doctora en Arquitectura, (Mención Honorífica) UNAM; Maestría en Humanidades, Licenciatura en Arquitectura y Master (MDI) U. Anáhuac. Inicia labor docente en 1972; ha impartido diversas cátedras en la ESIA del Instituto Politécnico Nacional, la Universidad Anáhuac, la Universidad Iberoamericana, la UNAM y el Instituto Superior de Ciencia y Tecnología, A.C. Fue Directora de la Escuela de Arquitectura del ISCYTAC (Gómez Palacio, Durango. México). Autora del *libro Arquitectura en la Poesía* (UNAM); coautora con la Dra. Margarita León Vega del libro *El espacio en la Narración* (UNAM); autora del libro *Supuestos morfogenéticos de la Arquitectura. El caso de la Catedral Gótica*. Ha publicado artículos en Universidades y en revistas especializadas. Ponente y organizadora en diversos foros nacionales e internacionales. Ha dirigido numerosas tesis de licenciatura, maestría y doctorado. Fundadora y Directora de la publicación en Internet www.architecthum.edu.mx. Fundadora y Directora de Architecthum-Plus, S.C., editores. En ejercicio libre de la profesión ha desarrollado y edificado diversos proyectos arquitectónicos. Titular del Seminario de Área y Taller de Investigación "Arquitectura y Humanidades" en el Programa de Maestría y Doctorado en Arquitectura de la Universidad Nacional Autónoma de México. Medalla "Alfonso Caso", UNAM por tesis

doctoral. Miembro del Jurado del Premio Universidad Nacional y Distinción Nacional para Jóvenes Académicos. Reconocimiento de la Dirección General de Estudios de Posgrado UNAM a tesis doctoral en la Colección 2002. Miembro de Número de la Academia Nacional de Arquitectura. Consejera Técnica (2006-2012) representante de los profesores de Posgrado, Facultad de Arquitectura, UNAM.

Jorge Aníbal Manrique Prieto
Maestro en arquitectura (mención honorífica), UNAM. Arquitecto de la Universidad Nacional de Colombia, sede Bogotá; con profundización en vivienda. Ha trabajado en investigaciones de entidades públicas en Bogotá, como diseñador de proyectos en entidades privadas, y como profesor adjunto de posgrado en la Facultad de Arquitectura de la UNAM. Fue ganador de un primer puesto en la "X Anual de Estudiantes de Arquitectura" de la sociedad colombiana de arquitectos, con su proyecto de grado de licenciatura titulado: "Vivienda de alta densidad: Calidad en el Habitar". Proyecto que ha sido publicado en las revistas Escala Colombia y Replanteo. Ha participado en diferentes congresos y encuentros académicos como asistente y como ponente: en Noviembre de 2012 participó en el "XXIV Congreso Panamericano de Arquitectos" en Maceió, Brasil. Y en el año 2013 colaboró como parte del comité organizador y como ponente del "1er. Encuentro Académico Internacional: Reflexiones en torno al proyecto arquitectónico" organizado entre las maestrías en arquitectura de la UNAM y la UNAL, evento que se realizó en Bogotá, Colombia. Actualmente trabaja en una ONG desarrollando proyectos de infraestructura educativa para lugares marginados en México.

Ulises Márquez Cruz
Nació en la Ciudad de Tampico, Tamaulipas, México en 1971. Maestro en Arquitectura, UNAM. Licenciatura en Arquitectura en el Instituto Tecnológico Regional de Colima. Ha participado en excavaciones arqueológicas en Colima, además supervisión de obra y proyectos particulares menores tanto en Colima, Manzanillo y Jalapa. Ha participado como organizador y como ponente en diversos coloquios y eventos académicos de la UNAM. Tiene

publicados artículos en www.architecthum.edu.mx y en otras revistas especializadas de arquitectura.

Federico Martínez Reyes
Maestro en Arquitectura por la Universidad Nacional Autónoma de México y Licenciado en Arquitectura por la Facultad de Arquitectura de la UNAM. Se desempeña como docente en la UNITEC desde 2006 y como docente de la UNAM desde el año 2000. Como investigador ha publicado en la página electrónica *architecthum.edu.mx* y en la revista argentina especializada en diseño y arquitectura *VonHaus*. Ha colaborado en varios libros enfocados a la relación entre humanidades y arquitectura, como: "La arquitectura en la Poesía" y "El espacio en la narración: Arquitectura en la cuentística hispanoamericana contemporánea" (una selección), ambos publicados por la Facultad de Arquitectura de la UNAM. Ha publicado también en revistas literarias como *(paréntesis)* y la revista *Cauces*. Como autor independiente tiene publicado un libro de minificción y prosa poética bajo el título "Entre muros y palabras". En agosto de 2013 fue invitado al Coloquio de Minificción que se llevó a cabo en la Facultad de Filosofía y Letras de la UNAM y participó en los *webinars* de la Semana de las Artes 2013, promovida como parte del programa de Desarrollo Docente de Laureate International Universities, con la conferencia titulada "Algunas reflexiones sobre el imaginario de la arquitectura como arte en el diseño arquitectónico y en su enseñanza". Desde el año 2004 se ha dedicado al estudio de la relación entre arquitectura, literatura y poética, y sus incidencias en la enseñanza del diseño.

Louise Noelle Gras Gas
Nació en la Ciudad de México. Licenciada y Maestra en Historia del Arte, UIA y UNAM. Editora de la revista Arquitectura / México, 1976-1980. Investigadora del Instituto de Investigaciones Estéticas, Universidad Nacional Autónoma de México, UNAM, desde 1982. Miembro fundador del Comité Internacional de Críticos de Arquitectura, CICA, y de la Sociedad Mexicana de Críticos de Arquitectura, 1979. Miembro del Comité Mexicano de Historia del Arte, 1983 y del ICOMOS Mexicano, 1993. Cronista y Académica Honoraria de la Academia Nacional de Arquitectura,

1985. Miembro de Número de la Academia de Artes, 1991. Ponente en congresos nacionales e internacionales, así como conferenciante y profesora en diversas universidades. Autora de los siguientes libros: "Génesis de un Mural"; "Agustín Hernández, arquitectura y pensamiento"; "Arquitectos Contemporáneos de México"; "Ricardo Legorreta, tradición y modernidad"; "Guía de arquitectura contemporánea de la Ciudad de México"; "Crónicas de la Academia Nacional de Arquitectura I y II"; "Teodoro González de León, la voluntad del creador"; "Vladimir Kaspé, reflexión y compromiso"; "Luis Barragán, búsqueda y creatividad"; "Enrique del Moral, un arquitecto comprometido con México". Ha escrito más de cien artículos en publicaciones especializadas de México y del extranjero.

Luz Aurora Pimentel Anduiza
Profesora Emérita de la Universidad Nacional Autónoma de México, su labor se destaca en los campos de la teoría literaria y la literatura comparada, es profesora de tiempo completo titular C definitiva en la Facultad de Filosofía y Letras. Tiene una Licenciatura en Letras Inglesas por la UNAM; un diploma de posgrado por la Universidad de Nottingham, Inglaterra; una maestría en literatura Anglo-Irlandesa por la Universidad de Leeds, Inglaterra (mención honorífica); otra maestría y un doctorado en Literatura Comparada por la Universidad de Harvard, Estados Unidos, donde obtuvo cuatro premios de Literatura Comparada. Inició su carrera docente y de investigación en la UNAM en 1965 en la Escuela Nacional Preparatoria, se incorporó al C.E.L.E. en 1968 y desde 1969 es profesora en la Facultad de Filosofía y Letras, es autora de los libros de teoría literaria *Metaphoric Narration*, *El relato en perspectiva* y *El espacio en la ficción*. Es miembro del comité editorial de la revista *Arquitectura y Humanidades*, desde 1996 participó en el proyecto internacional, *The Latin American Literary History Project,* auspiciado por la *Asociación Internacional de Literatura Comparada (AILC/ICLA)*. El proyecto culminó con la publicación, en tres volúmenes por Oxford University Press (2004), de Literary Cultures of Latin America. A Comparative History. La Dra. Pimentel participó también con un capítulo en el 2º volumen, "The Representation of Nature in Nineteenth-Century Narrative and Iconography", ha publicado

una docena de capítulos en libros en México y en el extranjero, entre los que destacan, "Comparative Literature and Cognitive Science", en *Savoirs et littérature;* "Florencia, Parma, Combray, Balbec... Ciudades de la imaginación en el mundo de En busca del tiempo perdido", en *Espacios imaginarios,* y "Teoría narrativa" en Aproximaciones. Lecturas del texto. En los ámbitos nacional e internacional ha publicado también cuarenta y ocho artículos sobre teoría y crítica literaria en revistas especializadas y de difusión, sobre autores tan diversos y fundamentales como Shakespeare, Joyce, Proust, Virginia Woolf, George Eliot, Hardy, Cortázar, Donoso, Rulfo o Neruda, entre otros. En el campo de la docencia ha impartido asignaturas y seminarios de investigación a nivel de licenciatura y de posgrado en la Facultad de Filosofía y Letras y en diversas instituciones nacionales y extranjeras. Responsable de la creación del posgrado en Literatura Comparada (1989), asesora del posgrado en Letras Inglesas (1982-1989) y del de Literatura Comparada (1989-1995). Es también fundadora y editora, desde 1996 hasta 2004, de la revista especializada *Poligrafías. Revista de Literatura Comparada*. Su labor docente y de investigación en México y en el extranjero la ha hecho merecedora de varios premios más, como el de Académica Distinguida otorgado por la Queen's University de Canadá en 1994, la "Cátedra Especial Dr. Samuel Ramos" (1992 y 1994), el Premio Universidad Nacional 1996 en Docencia en Humanidades; también es miembro por elección del Comité Coordinador de Historia Literaria Comparada, de la Asociación Internacional de Literatura Comparada (AILC/ICLA). Ha recibido como la del Consejo Británico y la Fundación Rockefeller, para realizar estudios de posgrado y estancias de investigación. Asimismo, pertenece al Sistema Nacional de Investigadores desde 1984, donde en tres ocasiones ha sido renovado su nombramiento en el Nivel III.

Milena Quintanilla Carranza
(1986) Arquitecta por la Universidad Nacional Autónoma de México. Actualmente estudia la maestría en el campo de Diseño Arquitectónico e imparte clases de proyectos en el primer nivel de licenciatura de la misma institución. Asimismo, colabora en la Coordinación de Contenido Editorial del Comité Editorial para la

Colección Arquitectura y Humanidades editada por Architecthum Plus. Ha laborado en diversas ramas de la arquitectura, como la planeación, la elaboración de proyectos ejecutivos y la administración de proyectos. Su interés en la docencia y la investigación giran en torno a la poética en la arquitectura, la creatividad y el proceso del diseño; por lo cual su integración se expresa en su trabajo de investigación titulado: "Resignificación de la creatividad arquitectónica. Hacia el diseño y construcción de espacios poéticamente habitables".

Otros títulos de la Colección **Arquitectura y Humanidades**:

Volumen 1:
Perspectivas de la arquitectura desde las humanidades I

Volumen 2:
Poética arquitectónica I

Volumen 3:
Espacios Imaginarios I

Volumen 4:
Arquitectura y lo sagrado I

Volumen 5:
Historiografías e interpretaciones de los hechos arquitectónicos I

Volumen 6:
Arquitectura, lugar y ciudad I

Volumen 7:
Paisajes arquitectónicos I

Volumen 8:
Existiendo, habitando lo arquitectónico I

Volumen 9:
Un encuentro de la arquitectura con las artes I

Volumen 10:
Enfoques de la arquitectura desde la filosofía I

Volumen 11:
El espacio privado e íntimo I

Volumen 12:
Reflexiones en torno a un método del diseño arquitectónico I

Volumen 13:
Reflexiones en torno a la crítica del diseño arquitectónico I

Volumen 14:
Reseñas I

Volumen 15:
Luis Barragán

Volumen 16:
La casa

Volumen 17:
Percepción poética del habitar I

www.ingramcontent.com/pod-product-compliance
Lightning Source LLC
Chambersburg PA
CBHW020901090426
42736CB00008B/453